滇事危言初集

Dianshi Weiyan Chuji

杨覲东 编

云南出版集团
云南人民出版社

图书在版编目（CIP）数据

滇事危言初集 / 杨觐东编. -- 昆明：云南人民出版社，2020.6

（旧版书系）

ISBN 978-7-222-19005-4

Ⅰ.①滇… Ⅱ.①杨… Ⅲ.①云南-地方史-史料-明清时代 Ⅳ.①K297.4

中国版本图书馆CIP数据核字（2020）第090558号

出 品 人：	李 维　赵石定
责任编辑：	朱 颖
装帧设计：	燕鹏臣
责任校对：	董郎文清　周 彦　李 红
责任印制：	李寒东
书　名	**滇事危言初集**
作　者	杨觐东 编
出　版	云南出版集团　云南人民出版社
发　行	云南人民出版社
社　址	昆明市环城西路609号
邮　编	650034
网　址	http://ynpress.yunshow.com
E-mail	ynrms@sina.com
开　本	787mm×1092mm　1/32
印　张	5.625
字　数	100千
版　次	2020年6月第1版第1次印刷
印　刷	云南出版印刷集团有限责任公司 云南新华印刷一厂
书　号	ISBN 978-7-222-19005-4
定　价	30.00元

如有图书质量与相关问题请与我社联系

审校部电话0871-64164626　印制科电话0871-64191534

编者的话

历史上，由于某种特定条件，有些近似巧合的人或事，会极其相似地出现，然而，历史绝不重演。过去的就过去了，永远地过去了。《论语·子罕》曾说："子在川上曰：'逝者如斯夫，不舍昼夜！'"

这"不舍昼夜"之所"逝"，在今日，由于现代交通之发达，完全可将前人几十日长途跋涉的路，缩短为几十分钟舒适的航空距离，寓于神话、童话所变幻现实的梦，也有现代科技使之成为真真切切的现实，恍惚这个世界越来越小，可以想象的空间已渐失去，不得不感叹这"不舍昼夜"之所"逝"，已无比地加快其"逝"速。

以目前历史分期断代的办法看，贴近我们"当代"最近的"现代"之末，也在二十世纪四十年代，距今也已七十多年。二十世纪三十年代初美国作家斯诺在"云之南"做他的"马帮旅行"时，说昆明"这个城市伸出一只脚在警惕地探索着现代，而另一只脚却牢牢地根植于自从忽必烈把它并入帝国版图以来就没有多少变化的环境"。此说，在封建了几千年的土地上，东西南北，闭塞滞后的地区，概莫能外。甚于此者，六七十年前的历史，有时也无异于几百年前的旧闻。即便在当代,二十世纪五十年代有些路不通,人罕至,封闭于深山老林、穷乡僻壤,还没进行社会改革的人家,其生存形态,对今日也是遥远的,从根本上讲也属于"没有多少变化"的旧事。它翻天覆地的新旧、隔世之变,有时也只是几年间的事,距今也已半个多世纪了。

尽管过去的一切,随流逝的时光流远了与今日的差距,但它毕竟还是今日的历史与文化之根。沧海横流,世事纷纭,男女老幼、强弱智愚、善恶忠奸、尊卑贵贱,在人生的舞台,同台亮相,都是好戏。以此为历史经纬的故事和人物,无论英雄豪杰、贪官暴君,还是顶天立地、有仁有义的人民,都有他们的正史、野史、传说、逸闻。就是他们的生存环境、民风民俗,也随着这一切而有它的沧桑巨变。今日要了解、研究它,无法不借助一些过去的资料。将这些为数有限的资料束之高阁,不予充分利用,乃至散失,是有负于国家和民族的。

于是,我们从现代、近代,云南的、西部的,到更广远之天地的有关文化、历史、民族等等的有识之士的札记、掌故、田野调查、逸文旧稿中,选出一批当时和今日依然有其影响与价值的专著和篇什,编辑为书系,以介绍给读者和关心、研究它的朋友们。由于"逝者如斯",一些作品的认识、审美、资料价值,有的往往还会与日俱增,由此,更增加了我们介绍它们的责任感。

· 编者的话 ·

时代在巨变,正如许多学者所言,我们"每天都有珍贵的民间文化品种在消亡"。形势亮出了黄牌,他们呼吁"抢救"民间的文化财富,提出"需要深入当代民间进行'田野调查'"。这里入选作品的作者,不少正是当年的"田野调查"者,他们深入到所谓的"蛮荒之地",在旅行、生活条件极差,乃至恶劣时,以其惊人的毅力,在天灾,也在人祸所遭遇的惊险中,写出他们耳闻目睹之种种,有的归纳、概括而抽象为更具理论色彩、更具文献价值的调查报告,有的则更侧重沿途实见实闻的纪实,夹叙夹议,所悟的学问常常深于一见一闻,遇险的惊恐又常与人生闯荡的乐趣同在,大多写得朴素、清新,和平冲淡中确有委婉的情致。他们,有的定居该地,已属当地居民,有的调查的行程,一年半载的跋山涉水,想蜻蜓点水似的所谓"深入生活",想追名逐利而做所谓的"研究"之浮躁,都不可能。他们,不乏过去的先贤名儒、名校名师下的研究人员,多有鲜明的民主意识,同情广大的劳苦大众,抨击不合理的社会秩序与社会结构,维护人道、人权,正视压迫、剥削、两极分化的现实。从人类学、社会学、民族学、民俗学,对东西方的一些不同之处和相同之处所引发的思考,为我们打开了眼界,打开了思路,于此回顾、前瞻的天地,更加宽阔。

这些不同时代的不同作者,在不同的社会、政治背景下所写的作品,若无他们的局限性,也就无须后来的社会进步。除了书中的白纸黑字,他们跋涉在穷山恶水的艰辛和为此追求的执着顽强,正是对这土地,对这土地上的人民之爱,虽然并不排斥有的也许出于好奇,想探险、冒险,但他们作为民族大家庭的一员,其大中国的兄弟之情,是无可怀疑的。可是限于当时政治结构之情和个人识见,将人民对反动统治的反抗写作"叛乱",在正视人民的痛苦时,又仅从当地的风光与人情称他们所在之地为"乐土",或对他们的风俗习惯,简单地以自己的好恶来看待,难免有些偏颇不当之处,但从整体来看,作者的爱心都是浓浓的,有些不周之处,或是漏洞、失误,都不难理解。照排之旧书,就该看到它是过去另一个时代,另一些作者,在不同的社会、政治背景下所写成的作品,就该看到它的局限性,更为新时代而自信。

世事变迁,"逝者如斯",前人有的看法无法请他们统一,后人无权强求一统。有些说法,能理解,并非简单地认同。能作注的,加注;若难查证的,存疑。乍看,有些不明白处,顺读下去,就厘清头绪了。

本书系的选编,除由繁体字改为现代简体字横排外,内容基本保留原貌,有的地方,另加编注说明,以便读者阅读参考。

为保留原作资料的真实性和风格,对个别带有民族歧视的描写和用语,未做大的删改,请阅读中予以鉴别。

书 前

周良沛

按原定的计划，出到这一本《滇事危言初集》，"旧版书系"也就收官。

从套书，且为"旧版"，当然应该依从每本书原先出版的先后为序。可是，我们开初没有这个条件、能力，更没有那个胆量，做出这么一个具有一定规模的出版计划。只是担心在时光的飞逝中，有些不该忘记的书，也随着它的流逝而流逝，小心翼翼，以三迤旧版的书，尝试性地单本一一推出，希望能唤起一些读者旧时的记忆，也复活它们的青春、原先的生命。完全达不到高于"文化自信"的自觉。出于此番心意，为此的劳作当义工，不仅没有问题，完全理所当然。但是涉及此中的经济问题，诸如出书的盈亏，乃至出版费用等等，工薪阶层，就是勒紧裤带不吃不喝，也负担不了。在科技发达到不一定需要纸质文本的阅读，社会生活的浮躁也常常削弱了人们的阅读兴趣时，是不可能不考虑每本书的市场问题，冒冒失失，不加考虑出版任何一本书的。省里领导从"文化自信"的支持和资助,才改变了这一窘境,也相对地加速了构成这一"旧版书系"的出版计划之形成,加快了出书的速度。

这本《滇事危言初集》,也就在此为"旧版书系"收官了。

原书,初版于清代宣统三年(1911年)三月十五日,北京毓华印书局印刷,北京"滇学堂"发行,由北京、云南、上海各书庄分售。书脊除印有书名,仅有"滇学堂"三字,显然是滇人学士在北京等同同乡会的一个组织。此书初版的宣统三年,也是清代末期一九一一年,是距今百多年前的旧书,应该是此书丛的开卷之本。

《滇事危言初集》之"危言",按常用之惯例,之后是常缀以"耸听"二字,若为"耸听"而"危言",则无所可取。《庄子·则阳》:"安危相易,祸福相生",《左传·闵公二年》:"与其危身以速罪也",所谓之"危",都不符合此意。原书之《例言》道:"意在警惕滇人,哀吁政府,及贤士大夫筹谋挽救,因名之曰'危言'。"在它不同的版本中,有的在书名下署有"杂著"二字,更有在"杂著类"下符以"通论、学务、兵事、边务、实业、旧政"的字样,也就是在这样多的方面,不拘一格,可为当年的滇事所不尽如人意,留有遗憾,乃至遗恨的"哀吁"。它有多卷,根据本"旧版书系"版本的容量,这里只选了其中的第一卷。有兴趣深入研究者,可以顺此"杂著",集聚它的全部,对广大读者，还没有提出此种服务的需要。

此书内文，不少是"折"，乃明清达五百多年的两代官员向皇帝奏事的书文。因为写在一种折叠成本、册的纸面上，故名"折"。本来，"折"只是书文的载体，在语言运用的变化中，它却同时包含了以其所载之"奏"的本意。内文中，如《与英国议定滇缅界务商务条约事宜折》，虽然疆界在滇，有关国家领土、主权的问题，也早已不只是"滇事"，是由"滇"伸展为"国"之"事"了。此书，界务的内容占相当大的比重。其他，诸如《论大金沙江形势》《南甸土司属地直至大金沙江考》《老蛮幕为中国必争之地论》等等，也是以领土问题为议。若非滇缅边界于今早已全部界定，我们这么一小套的文化丛书，涉及有关"界务"之事，是得考虑再三，恐怕首先都难通过自己的。现在，滇缅边界早已界定多年，一切的一切有关文书，只是有关历史中的某些情况的说明，没有任何为边界谈判所利用的可能和价值，何况，它这已是百多年前的资料，有解密制度的地域，它也早已属于解密范围。后人展读，除增强有关历史知识，在领土问题上，寸土不让，寸土必争，以及高度警惕、防范占据、殖民缅甸、越南，时时觊觎挺进蚕食滇边的老牌帝国的滇人，他们的民族精神和家国情怀，也必然为其民族之民族、家国之家国的炎黄子孙壮其胸怀。但三次勘界，"光绪十二年，英人占据缅甸时，进窥我无防御，同时又侵据我边属野人山外地二千余里；光绪二十五年重勘，而滇滩关外地四百余里，即划归英人。并划去陇川、猛卯两司地四百余里；又自盆干退至猛卡等练山，又失去三百余里，自洗帕河溯红蚌河而下，又划去昔所属之里麻宣慰司及猛弄、猛老两司全土，约共一千四五百里，统而计之，所失界线周围，不下三四千里。我滇漾关外之土把总左孝臣，不服割归英人，召集土民起与英人反抗，死事者一百三十七人，左孝臣亦战死。省垣闻警，却电饬腾越芮际文等，到界查勘，嘱其善慰左之部民，勿与英人为难，如愿搬移入隘内地者，则速迁之，否亦听。英兵以土民鸟兽散，遂引去，事竟中止，疆吏亦含糊不上闻。近年，天马关、汉龙关一带居民，亦时起与英人为敌，皆随起随蹶，惨哉滇土，惨哉滇民！"当年，进步的、权威的《云南杂志》评说道："政府不知觉，我滇人亦懵然茫然，醉生梦死，坐看此大好江山，送与人，而亦不之恤。噫异矣，吾诚不暇哀缅，引以自哀，自哀不已，欲述从来滇缅勘界失败历史，为我滇人警告。时若刀割吾肉，痛不能言然，有似胁我窘我，吾姑强饮痛，以次论述及之。"笼统地斥责滇人"醉生梦死"，绝对的有失偏颇，那"不服割归英人，召集土民起与英人反抗"的左孝臣，不同样是滇人的代表么？可是，在某个时期、某个地段、某一些人，失去警惕，"懵然茫然"所丧权辱国之痛，也是一页翻不过去的历史。

修筑滇越铁路，招工，每人每日工资二角五分。招来工人，皆因洋人虐待，散亡殆尽。洋人雷维，殴毙工人马正海案；洋人贾四乃仪，见粤商陈阿添路过，无故用枪轰毙一案；粤众大哗。而洋人皆可惟其意之所欲为，益肆其凶横无所顾忌，以致滇路公司中人，殴毙华人之案，层见叠出，竟无一能得伸理者，永无昭雪之日。因此，民不愿往，工无可招。当时，若派民夫，先令民间出钱财赀送，即奉命不遑迭次严饬札派，不惜驱吾民使之入于陷阱而后已，抑又何也？两广岑督宪，迭次咨电，以该公司他凌虐停招，并请给赀遣回，以重民命固已。（滇之）丁督宪则仅覆一勘电，谓公司自相约束，已较敛迹。又浙江张抚宪佳电，称津工七千人，勒给工资，用兵压制，死多生少，宁波来者，往往三五十人，跪求生路，恳恩设法拯救，其情词甚为迫切。他省督抚，皆能以民命为重，竭力吁救，丁督宪顾何以一听各省招致之工人，及本省土工之死亡枕藉于其境内，如秦越人相视而漠然无所动于心。惟独于法人一有照会，或函件，如请代招土工，及转请邻省招工，甚有招来外省工人入境川赀，请饬沿路州县垫给，均无不奉令，维谨立即照办者。

他省民工，尚有能遇恤民之官，而滇人偏遇如此之滇官，多不幸矣！

如《特参司道大员奸邪柔媚贻误疆臣折》所涉及的政风问题，对任何体制，都可从中得以借鉴；《野人山说》之"野人山"，过去，人们常从字义的表面认为它为原始未开化之人群所居之所。新文学中，艾芜一九三三年版的《南行记》也曾涉及。原注所说的"野人山",作者先写为"加青",后写为"克钦",英人称其Kachin,"野人山"为Kachin Monufain皆为音译。新时期,二〇〇二年版,作为山名,保留原貌,作为民族之称,则一律写作"克钦"。《野人山说》之"野人",则有:

> 云南甸土司所属野人,二十一寨,凡离城四五十里,以至百余里,日事抢劫,杀人不偿命。其余六司,去城愈远,入山愈深,野匪亦愈甚。每穷人出入,抢一案而伤三五人至七八人不等,甚至土司因以为利,抢去之人口、骡马、货物,土司串合野官,许若干金准赎,否则,货物瓜分,而商人失望,子女为奴而老死夷山。诚因凡抢一案,非土司兄弟主使,即族目属官分肥故也。土司习以为常,纵其野匪,夜则沿村烧杀,昼则要路劫抢,一日而二三起报告官者有矣。文武衙门,苦于无法。有营弁被害,而以别故报告矣,有家人被杀,而以赏抚毕者矣,有防汛之官,虽明为野人所伤,而以一病故了其事者,各讯多有矣。野匪若此之猖獗,非治边者之责哉。又云,必得以夷攻夷之法,庶乃有济。如南甸所属之山头野寨,勒令南甸土司赴府亲具认限,严缉滋事野夷,违者剿灭,至者招安,则野人不敢抢劫。六司一律遵行,倘有一司违命,立即调详。又或某司先报功者,加以奖赏,不患抢劫之不平。此不劳矢石,不费帑金,而救民水火者也。

在此,尊原文,照录,不碍我们对它有所保留,虽然旧时的思维、行文习惯与今有别,"以夷攻夷"之说,绝对错误。民族问题,说到底还是阶级问题的深刻,正好深度于此的认识。以上所谓的"野人"同土司勾结为患,将过去对它误识彻底推翻,看清了真相,才可能有认识的深度。

"危言"者,以其害,识其危;识其害,才知误读其"危"之危。纵览全书,诸如此例,多矣,多矣!当然,不可模糊它所述及中国旧时的背景,忽视诸事于此中的局限,对其有不切实际的看法和要求。可是,对它不同的看法,乃至巨大的反差,都很正常,相互的认同,也只有首先对事实同样尊重的深入,其研讨、论证才可能是科学的;历史唯物所予以的辩证之永恒,必然永恒;有它,才有以其上升到引导社会前进的理论,幸福于我们成长的时代。在无有这一切之前,前人所提供的一切历史实情,后人以其所获之幸去看、去研究,自然是于幸中之幸。

目 录

自　叙 …………………………………… 杨觐东 1
序 ……………………………………… 沈林一 2
例　言 …………………………………………… 5

滇缅分界通商事宜折 …………………………… 薛福成 1
滇缅分界大概情形 ……………………………… 薛福成 6
酌定虎踞关以东界线折 ………………………… 薛福成 11
与英国议定滇缅界务商务条约事宜折 ……… 薛福成 13
论大金沙江形势（上） ………………………… 姚文栋 16
论大金沙江形势（下） ………………………… 姚文栋 18
大金沙江形势续论 ……………………………… 姚文栋 20
南甸土司属地直至大金沙江考 ………………… 姚文栋 22
老蛮暮为中国必争之地论 ……………………… 姚文栋 24
野人山说 ………………………………………… 姚文栋 25
八关非滇缅之界辨 ……………………………… 姚文栋 28
树浆厂考 ………………………………………… 姚文栋 31
论木邦孟密 ……………………………………… 姚文栋 33
潞江通舟说 ……………………………………… 姚文栋 35
潞江下游以东皆中国属地考 …………………… 姚文栋 37
潞江以东土司论 ………………………………… 姚文栋 42

上王制军说帖三
——论腾越西路野人山紧要门户……………姚文栋 45
上王制军说帖三件………………………………姚文栋 48
禀总署堂宪……………………………………姚文栋 51
复薛星使书……………………………………姚文栋 53
再复薛星使书…………………………………姚文栋 57
初勘缅甸界记书后………………………张成濂（景周）60
大清国、大英国续议滇缅界商务条款…………… 62
筹议粤省西江通商　重订滇缅边界拟定附款
专条折………………………………………总理衙门 72
缅甸条约书后…………………………………阙　名 81
滇缅界事述略………………………………云南杂志 86
滇缅疆界谈判………………………………云南杂志 98
上外务部辩正滇缅界线书…………………杨友棠 102
特参司道大员奸邪柔媚
贻误疆臣折…………………………………陈荣昌 107
案　事　编
——奏派云南查办事件禀稿（光绪三十三年六月）
……………………………………………沈祖燕 111
查明司道大员奸邪柔媚
贻误疆臣折…………………………………岑春煊 134
代锡青弼制军拟争滇缅界务折……………秦树声 143
致外务部高子益左丞言界务书……………李经义 146
奏争滇缅界务折……………………………赵鹤龄 150

自 叙

滇省南界越南，西毗缅甸，北联藏卫三边之地四战之区也。近年来，英法两国持铁道政策分途谋我，而复合力谋我于矿路，矿势力之所至，则凡缘是而生之。各种政策亦相随俱至，彼势日张，我益消缩，固不仅西南界务日蹙百里之逼，我于肘腋也。然外人谋滇政策，虽波谲云诡，而要其野心所郁究，以路矿界务为勃发之媒，而我贤士大夫之穷于应付，全滇父老子弟所日夜奔走而呼号者，亦不离兹三事为近，觐东悠忽半生，既乏涓埃以报。

君国复无纤介以益桑梓，瞻望里门，惧与惭并，爰检昔人祸滇爰书，及名卿哲士图谋挽救之作，哀付剞劂，名曰《滇事危言》，纵挂一漏万，然殷鉴所在，或亦不忘会稽者之一助乎，搜求宏编巨制、伟论奇策，赓续向导政府国民，筹存滇于不亡，是渴望于同志。

庚戌十二月保山杨觐东识于京师

序

国家抚有疆土，其初莫不以力征经营，仅而得之，而其后以力屈失之者，古今类然，无足异也。所异者，力未尝屈，而拱手让人于冥冥愲愲之中，如不之觉，此环球古今所未有。而吾国数十年来，病是丧失者率十之七八，如滇缅略务一案，始提议于曾劼刚通侯，吾里薛叔耘中丞继之。当时定约：竭全力磋磨，廓于旧境可数百里，及后，叔耘中丞使节旋返，乃卒归于失败。约屡变而境日蹙。至今为梗，此尤有识者所疚心，而无如何者也。今国力固少屈矣，宪政初创。

朝廷方召集资政院议员，以谋国政。于是，二十二行省之人士萃于都下。群思所以挽回利权之计，愚窃以为，政治不在空言，而贵征之实事，苟欲折冲撙俎而于边境，山川阨塞之出入条约成案之利弊，懵然不能识其症结之所在，一经辩论，有靡然退耳乌足与言政治哉。故欲挽回利权，必先自实地研究始。政务处同事杨君毅廷授余所辑《滇事危言》一书，举其关于主权利害之大者，曰界，曰矿，曰路，朔其源流得失，搜采抉摘至再至三，征实事而不尚空言，若吾国人士闻风兴起，各就所见闻成一家言，以续顾氏《郡国利病书》之后，其有补于国家利权，岂浅鲜哉，余将以是券之矣。

　　宣统三年季春无锡沈林一谨序

例　言

一是编意在警惕滇人，哀吁政府及贤士大夫筹谋挽救，因名之曰"危言"。

一滇省逼于外患，而外患之所由逼则以路、矿、界务为主要。编中所录文字，率以是为兢兢，计关于西南界务者，凡三十二篇，路事三十七，矿十六，而兵备不修，实业不振，学务不兴，财政不整理，与夫热诚哀时之士所垂涕而告者，苟漫不加警，均坐以待亡之道也，故关于兹数事紧要之作亦旁及之。

一是编得文一百九篇，凡十八万言，界务、路事、矿务约十三万言，三者之中，路事详于腾，而滇越较略。以滇越路车已通，筹赎补救事属后来，腾路交涉，则尚在镠轕也。其北段界务，虽经石革道会勘盖印，然幸烈领事照会所称，不过证明此图之真伪，且未经外部承认，实不能据为定凭。七府矿约，亦幸有容我集股自办之条，与纯粹断送者差别。如国力稍充，则议废不患无词。爰详纪三事原委，供研究挽回之助，区区苦心，实在于此，非有意轻重也。至滇蜀、滇桂两路，业经奏归滇国有主权，完全无劳词费。

一滇中界务，发源于曾袭侯惠敏，而订约于薛叔耘星使。两公皆外交才，虽有失误，补救为多。至二十年来勘划界务者，推姚志梁观察为能尽职，其苦心孤诣，硕画尽筹，具载所著《云南勘界筹边记》。是编限于篇帙，不能多录，欲窥全豹，则原书具在，实讲求滇事者所必读也。

一所采专应目前时会急需，其骤难见诸施行，及宗旨乖异者，皆不列入。

一是编务求征信，故取材于公牍文字为多，其考据不确，传闻失真者，悉屏而不录。

一是编各项交涉文电公牍，悉为官书、官报所未载，其秘密事件，并为局外所罕觏，除语意重复，及无关宏旨者不录外，余俱从详。俾阅者了然于若者为有意放弃，若者为争而无效，借资考据。

一是编仅就平日所钞存者，择要辑之。京师距滇遥远，搜求不易，且仓卒成书，遗珠必多，阅者谅之。

一是编以匝月短促之时间，选校评点颇以不克详细注释为恨，其论说书函，间有删易原文之处，仅另识于篇末。

一是编事实，自光绪十七年四月起至宣统二年腊月止，虽未敢谓为滇中二十年来大事记，然鄙人十余年之勤求密索，仅乃得此，而心力亦交瘁矣。遗饷社会，其有心滇事者所欢迎乎？我滇人如痛外患之剧烈，取编中所载，力图挽救，以达脱离苦海之目的，则耿耿寸私，于以大慰，而编辑之愿偿矣。

一是编就事实分类，各依时代先后为序，取阅者

·例 言·

易于寻原竟委,以得其贯通。

  一是编之印行,得在京乡友同志之赞助,不足者由觐担任,惟力薄刷印无多,未能遍呈于三迤父老,容筹资续版,或酌定价目,以期广布。

宣统二年十二月二十八日保山杨觐东呵冻识

滇缅分界通商事宜折

薛福成

奏为滇缅分界通商，亟应豫为筹备，不使英国独占先著，以免临时棘手，恭折密陈，仰祈圣鉴事。窃查伦敦使署接管卷内，光绪十一年冬间，英国、印度派兵出境，进据缅甸，维时出使大臣曾纪泽，承准总理各国事务衙门电示，叠次与英外部会商，初议立君存祀，俾守十年一贡之例，既不可得，始议定由英驻缅大员，按期遣使，贡献仪物，其界务、商务两事，则拟先定分界，再筹通商。盖因英人注意商务，若分划边界，偶有龃龉，则办理通商。诸多掣肘，亏损无穷，固不能不审其次第也。英人自以骤开缅甸全境，所获已多，是以有稍让中国展拓边界之说。当时英外部侍郎克蕾，曾称英廷愿将潞江以东之地，自云南南界之外起，南抵暹罗北界，西滨潞江，即洋图所谓萨尔温江，东抵澜沧江下游，其中北有南掌国，南有掸人各种，或留为属国，或收为属地，悉听中国之便。曾纪泽转咨总理衙门，亦云南掌本系入贡中华之国，倘英人果将潞江以东让我似宜受之，将掸人、南掌均留为属国，责其按期朝贡，并将上邦之权明告天下，方可防后患而固边圉等语。曾纪泽又尝向英外部理论，欲索八募之地。八募，盖即蛮暮之新街，昔时蛮暮土司之地颇大，后乃悉为缅甸所并，其商货汇集之区谓之新街，洋图译音，则为八募，距腾越边外百数十里，在厄勒瓦谛江即大金沙江上游之东，龙川江下游之北，槟榔江下游之南，向为滇缅通商巨镇。英人以其为全缅菁华所萃，靳而未许，迨争论数次，克蕾始云：英廷已饬驻缅之英官勘验一地，以便允中国立埠，且可在彼设关收税。据参赞官马格理云：八募虽不可得，其东二三十里有旧八募城，似肯让与中国，日后贸易亦可臻繁盛，且允将大金沙江为两国公共之江，如此则形势与彼同之，利益亦与彼分之，其隐裨大局，似尤较得潞东之地为胜。曾纪泽以商办已有端绪，因与外部互书节略，存卷暂停不议，旋即交卸回华。光绪十二年六月，总理衙门与英使欧格讷议约五条，第一条申明十年呈进方物之例，第三条中缅边界由中英两国派员会同勘定，其边界通商事宜亦应另立专章，等因在案。臣窃绎总理衙门与英使订定之约章及曾纪泽与外部会商之节略，虽措辞详略不同，而大意仍相吻合。盖外部所称愿让之地，因立约时尚未勘定，故以两国派员会勘一句括之，此从前商办缅甸事务之大略情形也。溯自立约至今，已越五年，英人未尝催问我，国家亦暂置不理。然臣近闻英廷正与暹罗勘办界务，又屡次密派干员驰往滇缅交界查看形势、探询矿产，并有创筑铁路通接滇边之意，议者咸知彼俟布置妥协，必转以延搁已久为辞，来相促迫，势不能不骤允开办，则彼从容而我仓猝，彼谙练而我生疏，彼措注已周，而我进退失据，临时竭蹶，成算未操，断无不受亏损之理。就今日情势而论，商务须从界务生根，但使分界能协机宜，则他日通商亦可少滋流弊，夫审度利病，随宜操纵。固属总理衙门与勘界大臣之事，然使明知彼族之有隐谋而缄默不言，坐失事机，则咎在使臣。若欲先事豫筹，查探边情，又非责之疆吏不可，惟是分界固非详查密访不能得其要领，而其轻重缓急之大势，则有可计议者，大抵英人所称愿让潞东之地，南北将及千里，东西亦五六百里，果能将南掌与掸人收为属国，或列为瓯脱之地，诚系绥边保小之良图。惟查南掌，即老挝之转音，臣阅外洋最新图说，似老挝已归属暹罗，若徒受英人之虚惠，而终不能有其地，恐转为外人所窃笑，倘因此别生枝节，又非计之得者。盖南掌、掸人本各判为数小国，分附缅甸、暹罗，似宜查明，南掌入暹罗之外是否尚有自立之国，以定受与不受其向附。缅甸之掸人，地实大于南掌，稍能自立，且素服中国之化，若收为我属，则普洱、顺宁等府边徼皆可巩固矣。至曾纪泽所索八募之地，虽为英人所不肯舍，其曾经默许之旧八募者，亦可为通至大金沙江张本，若将来竟不与争，或争而不得，臣窃有五虑焉，夫天下事不进则退，从前展拓边界之论，非谓区区边界足增中国之大也。臣闻乾隆年间，缅甸恃强不靖，吞灭滇边诸土司，腾越八关之外形势不全，西南一隅本多不甚清晰之界，若我不求展出，彼或反将勘入，一虑也。我不于边外稍留余地，彼必筑铁路直接滇边，一遇有事，动受要挟，二虑也。长江上源为小金沙江最上之源，由藏入滇，距边甚近，洋图即谓之扬子江，我若进分大金沙江之利，尚可使彼离边稍远，万一仍守故界，则彼窥知江源伊迩或浸图行船径入长江，以争通商之利，三虑也。我稍展界，则通商在缅境，夫英人经营商埠最为长技，而我在彼设关收税亦可与之俱旺；我不展界，则通商在滇境，将来彼且来择租界设领事，地方诸务究不能不受牵制，四虑也。我得大金沙江之利，则迤西一路之铜可由轮船遵海北上，运费当省倍徙，否则，彼独据运货之利，既入滇境窥知矿产之富，或且渐生狡谋，五虑也。凡此五虑，皆在意计之中。臣又窃虑，英人于此数年内一意延宕，待我相忘稍久，乃催勘界，或更遇事要求，悉置前议于不顾，且谋国之道莫患乎为敌所逆料。中国素有不勤远略之名，外洋各国知之稔矣。所以伺机而动，迭起相乘，琉球灭而越南随之，越南削而缅甸又随之，今且骎骎议及朝鲜矣。窃思英廷前议节略，彼料中国未必竟受，而故以此相尝试，固未可知。我若出其不意，据其前说，力与相持，或能因此稍展界务。各国知中国办理此等事件与前不同，亦可伐敌谋而收后效。况彼所予即有不宜收者，不妨明指之，以为另索之符，彼之意即有万难允者，不妨故求之，以得抵制之，益盖边情不可不洞悉，而旧议不可不重理。拟请：敕下云贵督臣王文韶遴派妥员，分途侦察如南掌之存亡、掸人之强弱、腾越关外之地势民风，一一查询明确，据实覆陈，以备勘界时所有依据。并请皇上敕下微臣，催问英国外部以勘界定期与分界办法，一面即可相机辩论，仍与总理衙门函电相闻，务衷至当。臣非不知英人性情坚韧，当其骤得全缅，喜出望外，故许中国稍分其利，今则事隔数年，未尝不思毁弃前说。然臣阅卷中节略，系英人参赞官马格理与英外部侍郎克蕾会议时为最多，今幸二人均未更换，彼或难遽翻异。臣不过多费笔舌，多糜日力以与之磋磨，虽无速效，断不致别有损碍，抑或得寸得尺，稍补涓埃。臣因边疆得失动关紧要，且此事为中外全局所系，不敢不罄其愚忱，谨摹绘滇缅交界及南掌、掸人疆域全图恭呈御览，所有滇缅分界事宜，亟应豫筹缘由，理合恭折具陈。伏乞皇上圣鉴训示。谨奏。

滇缅分界大概情形

<small>出使英法义比大臣</small> **薛福成**

奏为遵旨与英国外部商办滇缅界线，滇境西南两面均有展拓，谨陈大概情形，恭折仰祈圣鉴事。窃臣承准总理各国事务衙门文开，光绪十八年六月十六日密筹滇缅界务一折，请旨专派臣商办滇缅界线、商务，以重事权。奉朱批依议，钦此。仰见圣主审于驭远、郑重边疆至意，曷胜钦服。臣查光绪十一年英兵进据缅甸之初，前使臣曾纪泽先与英外部会商，立君存祀，既不可得，英人自以骤辟缅甸全境，喜出望外，是以有允曾纪泽三端之说。界务一端，则愿稍让中国，展拓边界，盖指普洱边外之南掌、掸人诸土司，听中国收为属地也。商务二端，则以大金沙江为公用之江，在八募近处勘明一地，允中国立埠设关，八募即中国之所谓新街也。当时曾纪泽以未深悉滇地情形，持论稍觉游移，又因中外往返商查之际，未能毅然断而行之，仅与外部互书节略存卷，旋即交卸回华。次年，英署使欧格讷与总理衙门议立缅约五条，又以三端尚非定局，遂未列入约中。臣自去年奉命与英外部议界，

盖在欧使立约之后已五六年,查阅使署接管卷内,有曾纪泽议存节略,英文参赞马格里系原议人。臣屡遣马格里赴外部重申前说,外部坚不承认,据称西洋公法,议在立约之后,不可不遵议。在立约以前,不能共守,以其有约为凭,既不叙入约章,必有所以然也。臣思英人自翻前议,虽以公法为解,实亦时势使然,当其并缅之始,深虑缅民不服,及缅属诸土司起与相抗,万一中国隐为掣肘,彼则劳费无穷,因不敢不稍分余利,以示联络。彼之所以骤允三端者,时为之也。既而英人积年经理,萃其兵力饷力,勘定土寇,复于缅境外之野人山地,稍用兵威胁服,收其全土。磐石之形已成,藩篱之卫亦固,彼之所以忽靳三端者,亦时为之也。前议三端,既不可恃,则展拓边界之举毫无把握。且查滇边诸土司,虽或久隶中国,然自乾隆以后,往往有私贡缅甸,以图免扰而固圉者。英人执此为辞,来索缅甸固有之权,则或指为两属,或分我边地,殆事势之所必至。若中国既失藩属于前,又蹙边境于后,非特为邻邦所窃笑,亦恐启远人之觊觎。臣再四思维,深惧措注不善,致乖总理衙门推许之意,有辜皇上倚畀之恩。适值前岁秋冬以后,英兵游弋滇边,常有数百人,以查界为名,阑入界内,去来猋忽,野番土目,惊耸异常。英兵常驻之地,则有神护关外之昔董,暨铁壁关外之汉董,英人用印度武员之谋,窥逼近界,以至沿边骚动,风警频仍。云贵督臣王文韶虑生衅端,迭经电达总理衙门,臣承总理衙门急电,办文照会外部,斥其违理,责令退兵。又屡赴外部苦口争论,英兵稍自撤退。滇边至今静谧。臣又查野人山地,绵亘数千里,不在缅甸辖境之内,若照《万国公法》,应由中英两国均分其地,曾纪泽尝有此意,而未申其说。臣因复照外务部,请以大金沙江为界,江东之境均归滇属。明知英人多费兵饷,占此形胜,万不肯轻弃,然必借此一著,方可力争上游,振兴全局。外部果坚拒不应,两次停商,而臣不顾数次翻议,而臣不愿外部所稍依允者,印度部复出而挠之,印度部所稍松动者,印度总督复出而梗之。印督至进兵盏达边外之昔马,攻击野人,以示不愿分地之意。臣相机理论,刚柔互用,外部谓此议非出自总理衙门与云贵总督,尽系使臣之私意,臣电请总理衙门向英使欧格讷辩论,以昭画(划)一。总理衙门洞晰机宜,力伸画(划)江为界之议。外部知我中外同心合谋,坚持不让,甫稍就我范围,然犹叠次翻腾,屡易其说,彼既重视野人山地,不愿分割,于是有就滇境东南让我稍展边界之说。据称:已与印督商定,于孟定橄榄坝西南边外让我一地,曰科干,在南汀河与潞江中间,盖即孟艮土司旧壤,计七百五十英方里,又自猛卯土司边外,包括汉龙关在内,作一直线,东抵潞江麻栗坝之对岸止,悉划归中国,约计八百英方里,又有车里、孟连土司辖境甚广,向隶云南版图,近有新设镇边一厅,系从孟连属境分出。英人以两土司昔尝入贡于缅,并此一厅,争为两属,今亦愿以全权让我,订定约章，永不过问。至滇西老界，与野人山地毗连之处，亦允我的量展出，其驻兵之昔董大寨，虽未肯让归中国，愿以穆雷江北，现驻英兵之昔马归我，南起陇坪峰，北抵萨伯坪峰，西逾南嶂而至新陌，计三百英方里，是彼于野人山地亦稍让矣，其余均依滇省原图界线划分。外部于三月二十七日行文照会前来，臣适探知欧格讷与印督尚多方播煽，欲阻成议。事机呼吸，变态万端，此议虽未满，臣初心不能不审势而量力、见风而收帆，曾经将此情形电请总理衙门进呈御览。总理衙门与云贵督臣之意，亦谓于旧界有益无损，嘱即商拟条款。臣先行文外部，订定大局，惟腾越八关界址未清，尚须理论。外部请待印度所寄地图，又值外部诸员避暑在外，稍有停顿。前据督臣王文韶电请汉龙关，自前明已沦于缅，天马关亦久为野人所占跨，则八关仅存六关。现经臣再三争论，此二关亦可归中国。又前年英兵所驻之汉董，本在界线之外，臣因其扼我形势，逼处堪虞，向彼力索，外部亦愿退让，以表格外睦谊。刻下界务已竣，商务本不似界务之繁重，且已先将大意议明，无甚争论。现正商订条款，计可剋期蒇事矣。臣窃维数十年来，西洋诸国竞知中国幅员辽阔，又有不争远土之名，一遇界务，鲜不为耽耽之视，若可听其蚕食者，于是流球、越南、缅甸以藩属而见吞，香港、珲春、海参崴以边隅而被攘，甚至有睨及朝鲜，睨及台湾者。中国素守好大喜功之戒，避开疆生事之嫌，得之则曰犹获石田，失之则曰不勤远略，顾石田弃而腴壤危矣，远略驰而近忧迫矣。我视为荒土而让之，彼一经营，则荒土化为奥区，以夺我利柄。我见为瓯脱而忽之，彼一布置，则瓯脱变为重镇，以逼我岩疆，伺间蹈瑕，永无底止，岁朘月削，后患何穷。臣愚以为，必择一二事，以全力争持，然后可以折狡谋而挽积习。此次滇缅界务，凭藉皇上宠灵，始变前规，稍展旧界，实惟总理衙门之功。总理衙门统筹全局，假臣事权，始终扶助，谋议相同，每有查询，朝电夕报，俾臣得远承指挥，稍殚愚拙，虽获地无多，而裨益有五：风示各国，俾勿藐视，一也；隐备印度，杜其窥伺，二也；保护土地，免受诱胁，三也；捍卫滇边，防彼勘进，四也；援用公法，稍获明效，五也。有此五益，臣始知曾纪泽所商展之界。迄今，时异势殊，亦稍有窒碍之处，盖南障诸部，近已尽归暹罗，争之已觉不易，而掸人各种，惟康东土司最大，其地与车里相仿佛，英人欲据以遮隔法、暹两国，断不肯舍，抑且离我边疆较远，控制不易，固不若今日之所展，皆在近边，也除俟条约拟议妥协，再电达总理衙门，并专疏详报外，谨绘滇缅分界图一份，恭呈圣览，以黄、红、蓝三线分别旧界、新界，与英所欲占而退出之界，所有商办滇缅界线，西南两面，均有展拓缘由，理合恭折驰陈大概情形。伏乞皇上圣鉴训示。谨奏。

酌定虎踞关以东界线折

薛福成

臣前向英廷索还汉龙、天马二关，继查腾越八关，除太平江以北四关，确在老界之内，今既划得昔马等地，则四关更有外障。惟太平江以南四关，非特汉龙、天马久沦异域，即铁璧（壁）、虎踞二关亦骤难审其实址所在。臣阅滇省所绘界图，该二关皆在界线之内，意谓必无错误，遂告外部应照原界划归中国，外部亦无疑义，并未驳辩，既而详加考察。微闻虎踞、铁璧（壁）早为缅甸所占，英人复屡加工程，绸缪稳固英兵所守之界，越虎踞关而东者已数十里，越铁璧（壁）关而东者亦六七里。英人渐自觉之，于是争论始起。臣与尽力磋磨，外部始允将铁璧（壁）关让还中国，迨滇员寻觅虎踞、天马二关，勘得虎踞关在盆干西十里，距八募五十余里，距南碗（宛）河边，英人所指为中国边界者八十里。天马关则在西南，居猛密、邦欠两山之间，英兵从关内山坡修路一条，以通缅属之南坎。二关虽已久圮，关门、营址尚存。讵印度总督异常狡悍，不肯让地，外部从而附和之。据称：此关深入缅境，属缅已百余年，若中国索问此等旧地，则缅甸应索于中国者甚多，语意极为坚韧。臣知英人不愿我境逼近八募，英兵已多年扼守，欲令退让，势有所难。又思百余年前，正值缅甸强横之时，中国藩属如孟拱、孟养、蛮暮、木邦、孟艮诸大土司皆被吞并，则虎踞关之入缅，当在此时。今又与西洋强国为邻，臣愚以为，最要关键莫若划定界限，彼此截然，不相逾越。若争必可不得之地，久悬莫定，门户洞开，安知今日彼所指为我边者，他日不复为彼内地，愈占愈进，后患奚穷。臣与订明：汉龙、天马仍归中国，惟汉龙关尚须查勘，如未深入缅境，自可通融，让还天马关内所筑之路，彼称系八募、南坎往来要道，碍难隔断，今拟将新路归中国，而于稍北一大路，许其借用，以示通融，仍于条约严立限制，以防流弊。虎踞关虽不可得，亦稍划地，以偿中国。一曰龙川江中之大洲。得此，则自猛卯、通汉、龙关较形直捷。一曰蛮秀土司全地。得此，则天马关外更依大山，以为固似，较近日滇边所守之界，有展无蹙矣。至英人允让野人山内昔马等地，印度总督辄谓，中国虽得此地，不过交盏达土司管理，土司力量岂能制服野人，仍恐出而为患，扰累英人，不如归英控辖等语。臣欲杜彼狡谋，告以前经附片陈明，请我皇上敕下云贵督臣，俟换约勘界后，派拨得力精兵数百名，填劄昔马，任抚绥弹压之事，必不仅交土司管理，因又责以信义，不允翻悔，彼族始无异言。此臣相机了结之实情也，理合具陈，伏乞圣鉴。谨奏。

与英国议定滇缅界务商务条约事宜折

薛福成

窃臣于光绪十九年七月,谨陈滇缅分界大概情形,并声明界务将竣,续议商务,惟腾越八关界址未清,尚须理论等情在案。臣前与英廷订明:将久沦于缅之汉龙、天马两关归还中国。秋冬之间,仔细考察,始知铁壁、虎踞二关亦早被英兵占据。幸铁壁关距边密迩,臣屡向英外部争论,彼始允令英兵却退数里,让还关址,以库弄河为界,惟虎踞关界限方向初甚渺茫,久无定论,乃电请云贵督臣王文韶派员查阅,邀同八募英官履勘,英并无异辞,印度总督则谓该关深入彼境七八十里,已与八募相近,且隶缅已百余年,一旦弃之,有损颜面,其意难于割地,遂并靳于让关。臣又闻,印度总督以外部允让野人山内昔马等地,意甚不平,听信武员邪说,屡思翻异,又欲借端停商全约。停商之后,彼知中国界址未定,漫无限制,仍可伺机进占,再阅数年,非特昔马等地可以不让,即界线亦可如彼意重定,观于前使臣曾纪泽商办之时,迄今事隔八年,再与议约,难易捐益,相去倍徙,其明证也。臣再四思维，决机宜速不宜迟，防患宜远不宜迩，固不值以一隅而妨全局，亦未便争小利而堕诡谋，度势揆情，刚柔互用，甫在虎踞关以东划定界线，虽未能复百年前旧地，较之滇边所守新界，似已稍有展拓。此界务，已定之大略也。臣查商务办法，以曾纪泽原议二端为纲领：一曰大金沙江行船，一曰八募立埠设关，彼族以停议既久，坚不承认。窃思大金沙江为滇边外绝大尾闾，兵商轮船，畅行无阻，夫名山大川，国家之宝，苟有机会，当以全力图之。滇西远隔边隅，宜有通商便捷之道，局势方为灵活。臣特将行船一事设法磋磨，外部始终支宕，以虑他国援照为辞，继与商于约中另立一条，声明此系滇缅交涉之事，他国不得援例，彼始勉强答允。惟于八募设关，虑之尤切，拒之尤坚，经臣再三开导，告以立约试办，乃亦勉强答允，讵全约甫经订定。印度总督仍坚持初议，不允设关，意在乘机要挟，责报过奢。臣思设关能否大获利益，尚未可知。该督所索，则万不能允，且既违其意，尤恐被其掣肘，不能获益。臣于是显责外部无自主之权，竟将八募设关一条删去，亦撤约中英人所得权利，如：缅盐不准运入滇境，英关暂不征收货税，领事仅设一员，并限制其驻扎之地，商货仅由二路，并化去其开埠之名，外部颇形自恧，不甚争论，此商务已定之大略也。窃惟中国地大物博，数十年间，东西洋各国立约通商，船舰则行我江海，租界则踞我口岸，教士、流氓纷至沓来，领事、臬司擅势自恣，

·与英国议定滇缅界务商务条约事宜折·

或夺我商民之利,或挠我官吏之权,或违我教化之经,或窥我宝藏之富,事端百出,防范难周。朝廷所以不轻允开商埠者,职此之由,惟自英人袭取缅甸以来,云南三面与彼毗连,我所宜急彼所欲缓者,莫如分界,彼所素急我所稍缓者,莫如通商。曾纪泽前与议定:俟分界后,方能通商。盖寓相维相制之意,迩年英兵骚扰滇边,不得不催英廷分界。凭伏圣主威福,并承总理衙门指示,俾臣相机妥筹,悉心商办,西面则稍拓野人山内昔马等地,暨收回铁璧(壁)、天马等关,南面则稍拓宛顶边外之地,潞江以东科干之地,暨收回车里、孟连两土司全权边围。既安,觊觎渐戢,但英人按照缅约第三款催议商务,刻不容缓。今者,八募设关一事虽未就范,然因彼既允复翻,我得收回别项权利,似于防弊去损之道不无关系。加以大金沙江行船,乘便利于境外,播声势于寰中,似稍足变旧规而张国体。兹合界务、商务约款共二十条,臣拟与英外部大臣劳偲伯力克日先将草约书诺,以杜狡变,一面齐送总理衙门,俟奏明批准后即可换约开办。所有议定滇缅界务、商务缘由,理合恭折具陈,伏乞皇上圣鉴训示。谨奏。

论大金沙江形势（上）

前云南奏调道　姚文栋

　　大金沙江形势，其下游去滇远者，吾且不论，论其上游，本为滇属者。按永昌、腾越诸志《南甸传》云：属部直抵金沙江，与孟养地犬牙相错。又云：所部戛独直通蛮暮江。《蛮暮传》云：地在金沙江内，腾越之西，蛮哈山下，当缅人水陆之冲，为陇川右臂。《孟养传》云：其地在金沙江外，古名迤西，有杏栢城，与蛮暮同襟金沙江，孟养居其上流，南至底马撒，疆连西洋。北极吐蕃，西通天竺，东南邻于缅，合此三土司观之，而上游之形势备矣，孟养之上又有孟拱，蛮暮之上又有戛鸠，志皆无传。然腾越四履土产诸篇论之曰：从前州境，尽大金沙江内外，兼戛鸠、蛮暮、孟拱、孟养而有之，盖蛮暮、戛鸠在江内者也，孟养、孟拱在江外者也，夹江内外以卫腾越天堑，何其雄也。江以内有蛮哈、南牙诸山为之重险，表里山河，又何壮也！此大金沙江当日之形势也。明张机作《南金沙江考》，以为：即梁州之黑水，禹迹所画确不可移，故论者谓：西南极边，由澜沧而潞，以迄于黑水之金沙为梁州第一大门户。明时,孟养通文书,自称守金沙江奴婢,守此门户者也。由是言之,滇其可无大金沙江乎?大金沙江内外其可无孟养诸土司乎?尝考我朝定鼎之初,平滇之后,孟拱、孟养等首先内附,见于毛奇龄、蛮司合志,毛奇龄逈据史馆官书,非耳食无稽者。比其后征缅之役,孟拱、孟养皆抒诚效力。高宗御制诗文,一再及之,尤天下臣民所共睹者,焉得谓之非本朝属地乎?今蛮暮、孟拱等土司,犹有本朝所颁印信,虽向英国索还故地,揆之于理无不可也。能如是,则大金沙江之形势完,而全滇之门户巩矣。

论大金沙江形势（下）

前云南奏调道　姚文栋

腾越境内之水流入大金沙江，举其大者言之，一曰槟榔江，一曰龙川江。《云南通志》云：槟榔江，自古勇塞外流入，合腾越厅所出之大盈江西南流出蛮暮境，西入大金沙江，凡腾越以西之水皆入焉。龙川江自怒夷界入边，纳曲石、猛淋、芒市、南椀（宛）诸河，西南自天马关流出缅甸，入大金沙江，凡腾越东南及龙陵以西之水皆入焉。《腾越志》云：甸内甸外诸水，以大盈江、龙江两大水括之，可约略而尽。盖槟榔江与大盈江合流之后，或称槟榔江，或称大盈江，其实一也。龙江者，即龙川江也，今考两江入金沙之口，本皆在滇属土司境内，龙川入江之口为蛮暮南境，流经木邦、孟密，至此，缅人称曰那莫江。滇中诸志或作莫勒江者，误。按《腾越志·蛮暮传》云：东有等练山，环以那莫江，直走金沙，当缅人水陆之冲，此江是也。此龙川江尾，旧属滇境之明征也，槟榔、大盈合流入江之口为蛮暮北境，俗亦称为蛮暮江，流经南甸之南牙山麓，至此，说者谓其地正当蛮暮南甸之交，故《腾越志·南甸传》云：所部戛独，直通蛮暮江，即指此江也。此大盈江尾，现属滇境之明征也。试以大金沙江形势言之，自缅京阿瓦而上，以瑞姑、新街两处为濒江要地。瑞姑，《云南通志》作尼孤。乾隆时，经略大学士傅恒征缅，探得此路，由天马关出五百九十五里，至此下船，约三百里，即至阿瓦城，较诸路尤为近捷者是也。此处江道，上有大葫芦口，下有小葫芦口，夹江皆高山，江面窄而底极深，两端皆似葫芦口，故名。张机南《金沙江考》所云：大菖蒲山峡、小菖蒲山峡也，为上游江道最险之处。论者谓：不得瑞姑，则新街难守，不得新街，则腾越难守，盖恃此两峡以为险也。昔年，蛮暮土司都于新街而扼瑞姑，以御缅甸。瑞姑、新街皆蛮暮属地，大金沙江上游形胜要害之所在也。龙川入金沙江，在瑞姑之南，小葫芦口之北，新街在大葫芦口之北，而大盈江入金沙之口，则又在新街之北，皆为水道旁出之地。异时，与英勘界，如能收回瑞姑及两葫芦口，则龙川江一路可以无虞，最为上策。其次，亦须至大盈江入金沙江之口而止，以保全南甸旧日之分地。南甸，系现属腾越土司，尤非若蛮暮土司，自道光以来，弃置不问者可比也。

大金沙江形势续论

前云南奏调道　**姚文栋**

难者曰：子论大金沙江，一在江外之孟养，一在下江之蛮暮，皆为滇西形势所系。然则昔人何不筹之，而必待子发之于今耶？曰：嘻，是殆以为一人之私言欤！不征之于昔，将不足信欤，夫苟有识者，固莫不知之矣，岂论今昔哉。无已，试诵言其一二。不观明臣陈用宾《请罢采宝井疏》乎。其辞云：夫蛮暮何地也，三宣之藩篱也。三宣，腾永之垣墉；腾永，全滇之门户也。蛮暮失，必无三宣；三宣失，必无腾永。盖用宾之论如此，而后人作《腾越志》，乃谓其筑八关，以弃关外之险，岂其实哉。又不观苏鄸《请安插思化疏》乎？其辞云：夫滇南大势，譬之一家，苍洱以东，则为堂奥，腾永则为门户，三宣、蛮暮则为藩篱也。所贵藩篱者，谓其外御盗寇，内固门庭，使为主人者，得优游堂奥，以生聚子孙，保有货财，斯协名实，按王宏绪《明史稿》言：鄸忌李材，招思化以破缅甸之功，搆之陷狱，鄸之为人可知也。然能指陈边庭大势，其言颇中肯綮，则亦非今之忌人成功者所能及矣。此皆论蛮暮之形势者也。至于江外,则明儒吴宗尧尝论之,其言曰:金沙与澜、潞三水皆源吐蕃,入南海,号南中,经流而金沙江之大,且十倍澜、潞,极边有此,固天所以限夷夏也。然昔论江南形势者,必得江北之地,而后江可守。筑三受降城者,越河之外,而后河可用。宗尧此论,虽不言孟养,而江外之地固孟养也。是即论孟养之形势者也。且吾见明人之谈边事者,言蛮暮必兼言允墨,更及于茶山,盖大金沙江上流直通至茶山,而允墨亦濒江要地也。允墨即今允冒,与戛鸠相连,苟蛮暮不亡,则允墨在内地不必论也。孟养之上,则有孟拱,玉石之所产也,苟孟养不亡,孟拱不必论也。由江外而登茶山,阶梯于孟拱;由江内而登茶山,阶梯于允冒。苟允冒、孟拱不亡,则茶山亦不必论也。此吾所以专论蛮暮与孟养也。《腾越志》称:茶山之北,与丽江野人接境,是故茶山有失,则丽江危,不惟腾越之患也。又言孟养北接吐蕃,为今前后两藏地,是故孟养有失,则两藏皆危,又不惟滇之患也。此其大略也。书不云乎,申画郊圻,慎固封守。内地且然,而况边徼乎。易不云乎,王公设险以守其国。险之未足,犹且设之,而况于自然之险乎。闻者其勿以予言为河汉也。

南甸土司属地直至大金沙江考

前云南奏调道 **姚文栋**

滇与缅有老界、新界。老界,乾隆以前之界;新界,今日之界也。以滇西一面言之,乾隆以前,大金沙江内外,有蛮暮、孟密、孟养、孟拱诸土司,属于腾越,夹江两岸,雄跨上游,形势甚壮。蛮暮所属之瑞姑,为江道喉隘,有上下两口,可扼之以为守,此老界也。新界则以现属南甸等土司之地为界,濒大金沙江而止。何以明之,请一征之《永昌府志》,再征之《腾越厅志》。按《永昌府志》云:南甸辖部,有罗布司庄、小陇川,皆百夫长分地,知事谢氏居曩宋、闷氏居盏西,属部直抵大金沙江,与孟养地犬牙相错。又云:南牙山甚高,延袤百余里,官道经之,上有石梯,夷人据此为险。此一证也。《腾越厅志》云:南甸所属罗卜思庄与小陇川皆百夫长之分地,其世袭知事者二:曰谢氏,曰闷氏,谢氏居曩宋,闷氏居盏西,所部戞独直通蛮暮江。又云:司南百里为南牙山,险峻,延袤百余里,为入缅之大路。上有石梯,缘梯而上有木棚,周一里,昔王骥破麓川取道于

南甸土司属地直至大金沙江考

此,前通铜壁关,关外布岭垂哈,旧为百夫长地。又云:逾盏达外,有冈德户冈,近孟养,故南甸所部,直抵大金沙江。此又一证也。南牙山,即俗所称野人山,石梯之险,今犹在焉。山中有三道,一出盏西,一出盏达,一经石梯之险,皆以山外之大金沙江为界,此南甸形势之大概也。按南甸,本名南宋,自明初分地授职,终明之世,未尝改更,故《明史》成于本朝。亦称其属部直抵大金沙江,地最广,未尝言其失地于缅也。议者乃谓陈用宾筑八关,而关外之地弃之域外,斯亦谬矣。国初以来,南甸早隶版图,至今提封无恙,官书如《大清会典》《大清一统志》《皇朝三通》,私家著述如顾祖禹《方舆纪要》、毛奇龄《蛮司合志》、师范《滇系》诸书,皆有南甸属地直至大金沙江之明文,岂非历历可信之确证乎!夫腾越以西,大金沙江为第一重门户,昔人固已言之,野人山为第二重门户,则即《滇中志乘》所载之南牙诸山也。古称勇夫重闭,可以为国者是之谓矣。独是蛮暮、孟密、孟养、孟拱诸土司,乾隆以前,内属日久,守在江外,有金汤之固。其后,折入于缅,而漫无觉知,外户撤矣,是旧日疆吏之过也。然南甸属地,犹自划江为守,野人山在其内,则犹守在山外也。今若举野人山而弃之内户,亦撤矣,重险皆失,将何以保?是所望于今日封疆大吏及勘界之使,有以维持之也。

老蛮暮为中国必争之地论

前云南奏调道　**姚文栋**

老蛮暮者，在大金沙江之东、大盈江之北，又两江交会之处也。南甸土司分地至此而尽，隔大金沙江为孟养土司。《腾越志·南甸传》云：属部直抵金沙江，与孟养地犬牙相错是也。隔大盈江为蛮暮土司，即今新街。《南甸传》又云：所部戛独，直通蛮暮江是也。大盈江上流与槟榔江相合，在干崖土司境，溯流而上即至腾越。自来谈腾越形势者，必曰大金沙江之两葫芦口，其外户也。而瑞姑为之锁钥，蛮暮土司之地尽于此也。大盈江口，其寝室之门也，而老蛮暮为之锁钥，南甸土司之地尽于此也，是皆本属于腾越者也。夫外户，犹且不当让，何况寝室之门乎？旧属土司蛮暮之地，犹且不当让，何况现属土司南甸之地乎？是故滇西之界，如弃大金沙江外之孟养而不问，并弃大盈江外之新街而不问，亦必以大盈江与大金沙江会合之处为止，其西即以大金沙江为界，其南即以大盈江为界，则虽弃其外户而犹保寝室之门也，弃其旧属土司而犹保现属土司所有之分地也，故曰老蛮暮为中国必争之地也。

野人山说

前云南奏调道　姚文栋

野人山，即腾越西境群山，非域外之地也。山中野人，额设抚夷以治之，辖于诸土司，非化外之民也。腾越发源之大盈江，合槟榔江而横出于群山之间，故在江之南者，有南牙山、等练山，在江之北者，有蛮哈山、布岭山，又有猛弄山、息马山、曩送河源山，又有猛戛山，其名实繁，未可枚举，要皆腾越北境姊妹山所分之一支耳。山之在腾越西境者，只有此数，非群山而外别有所谓野人山也。野人山者，盖俗所名尔，自腾越西至大金沙江滨，不过数百里而遥，虽山路崎岖，人马难行，亦不俟旬日可达，野人山尚在其内也。闻者不知其名之具于志乘而疑为荒渺难稽之域，此皆由耳食之误也。夫云南种人最多，《通志》列为六卷，凡有一百四十余种，野人亦种人之一耳。今腾越四山皆有野人，汉夷错处，为日已久，岂独西境然哉。若西境之野人皆辖于土司者也。昔人有言：忧土司之地广不治，故设八关九隘之扶夷以佐助之。抚夷者，抚山中之野夷。乾隆三十五年所设，有正有副，皆有定额垂为令典者也。道光初年，诸生何自澄作《腾越边务得失论》，云：南甸土司所属野人，二十一寨，凡离城四五十里，以至百余里，日事抢劫，杀人不偿命，其余六司，去城愈远，入山愈深，野匪亦愈甚，每穷民出入，抢一案而伤三五人至七八人不等，甚至土司因以为利，抢去之人口、骡马、货物，土司串合野官，许若干金准赎，否则，货物瓜分而商人失望，子女为奴而老死夷山。诚因凡抢一案，非土司之兄弟主使，即族目属官分肥故也。土司习以为常，纵其野匪夜则沿村烧杀，昼则要路劫抢，一日而二三起报告官者有矣。文武衙门苦于无法，有营弁被害而以别故报者矣，有家人被杀而以赏抚毕者矣，有防汛之官虽明为野人所伤，而以一病故了其事者，各汛多有矣。野匪若此之猖獗，非治边者之责哉。又云，必得以夷攻夷之法，庶乃有济。如南甸所属之山头野寨，勒令南甸土司赴府亲具认限，严缉滋事野夷，违者剿灭，至者招安，则野人不敢抢劫。六司一律遵行，倘有一司违命，立即调详。又或某司先报功者，加以奖赏，不患抢劫之不平。此不劳矢石，不费帑金，而救民水火者也。此论于土司辖治野夷言之最为明晰，故详录之。庶以破耳食者之疑焉，谨按嘉庆二十五年大学士伯麟总督《云贵进种人图说》（《进云南种人图说》）云：永昌一郡与顺宁，皆界连缅甸，顺宁外接木邦，隔以猓黑，永昌外接蛮暮，隔以野人，缅人不能跨猓黑越野人而连内地。又云：野夷性情亦略类猓黑，但猓黑一目能统

·野人山说·

数十寨,野夷则数十户皆为一寨,有一寨即自置一长,涣散无统,观此,益知今所谓野人山者,素属沿边要地,诚不宜有疏失也。夫外国之人,越重洋数万里而来,其视吾边境群山,已了了如数掌上纹,而吾守边将吏,在数百里间,对之如望洋,杳然不知其所极,岂不可概矣乎!

　　作者之意,滇缅界务在以大金沙江、野人山为限,以复吾固有之地,故详述江山历史以破耳食之误,非泛论也。

毅廷读识

八关非滇缅之界辨

前云南奏调道　姚文栋

腾越总兵张松林，议以神护等关为滇缅之界。藩司史念祖、善后局道员汤寿铭皆附会其说，意在画（划）关为守，弃野人山于界外，此真大谬，未可置之而不辨也。夫八关设于前明，在野人山之内。自国初以至乾隆，尝越野人山外之大金沙江，而有孟拱、孟养两土司之地，曷尝以明关为限乎，此其谬之易明者一也。今制各关额设抚夷一名，若内地之巡检者，然由各土司自选亲族为之，而报其名于腾越厅署，抚夷者抚关外之夷，即山中之野人也。又额设弩手若干名，为抚夷所辖，以山中之野人为之，每季由土司调操，其饷系腾越厅署所发，如使关外之野人山不在中国界内，各土司焉得抚其地而用其人？而腾越厅署又何为越俎以司其政令乎？此其谬之易明者二也。且明亦未尝以关为界也。当明臣陈用宾设关之时，又开二十二屯田，名之曰甸，甸多有在关外者。《滇志》列八关之名而分疏之，曰铜壁关，设于布岭，在蛮哈山内南甸宣抚司地，所以控制蛮哈、海黑、蛮暮之要隘也。万仞关，设于盏达山后，在吊桥后猛弄山顶，所以控制港得、港勒、迤西（迤西谓孟养）等之要路也。神护关，设于盏西后猛戛山，此所以控制茶山、古勇、威缅、迤西等路也。巨石关，设于户岗息马山，所以控制户岗、迤西要路也。此四关，设蛮哈守备，以守之者也。铁壁关，设于等练山，所以控制蛮暮之水路也。虎踞关，设于邦杭山，所以控制蛮棍、遮鳌、先脑、猛密之要路也。天马关，设于邦欠山，所以控制猛广、猛曲、猛密等处之要路也。汉龙关，设于工回者也。此四关，设陇把守备以守之者也。由是言之，明人设关之意，盖可见矣。皆所以控制山外之路，并无以关为界之明文也。两守备与八蛮同时并设，而蛮哈守备所驻之地，且在关外，明亦何尝视关外为弃地乎？此其谬之易明者三也。《明史》成于本朝，一则曰南甸属部，直至金沙江，地最广；再则曰司南百里，有关立木为栅，周一里，曰南牙。南牙山名，即野人山也。终明之世，自野人山，西至大金沙江，皆为南甸属地，未尝变更。今南甸尚存，则其幅员如故。观永昌、腾越新旧诸志，皆沿《明史》旧文，何时沦为异域乎？此其谬之易明者四也。夫野人山为天设之险，所以限隔中外者也。山中鸟道羊肠，仅容一人一骑，易守而难攻也。守山者必在山外，守江者必在江外，果能收回乾隆时旧属之孟养、孟拱两土司，则守在江外之说也；保守现属土司南甸等之分地，至大金沙江而止，则守在山外之说也。若既弃险以与敌，纵敌以入险，弃关外数千里之野人山，自蹙吾界而斤斤焉，欲守山内之关，关何足恃乎！且今日之关亦大与昔异矣，关圯已久，徒有关之名耳。而山中径路纷歧，随时迁易，现在往来出入之冲衢要道，多不在旧关之地，岂惟无关可守，假令守之，亦未见为益也。是故守关之说，即是不守之别名，特借此以欺朦上台，淆乱听闻而已。今试博询之边地耆老，明所置关，今可守否？关外之野人山果非中国界否？史志所称南甸属部，至野人山外之大金沙江而止，果不可信否？必有识者起而争之矣。闻去年永昌知府邹馨兰，至腾越告洋人：无得逾关侵入我界，又告边民以洋人既未入关，涉及吾界，无得惊惶自扰，是明以关外之地许洋人矣。所幸制军王公，电致京师，言洋人虽入山，不得以兵所过处即为其界，庶异时勘界大臣犹可据理以争，挽之于后也。

树浆厂考

前云南奏调道　姚文栋

今俗所谓树浆厂者，在西藏之南、云南之北、四川之西，跨大金沙江、龙川江、潞江，直至澜沧江，凡诸江上流皆是也，其在大金沙江上流者，即昔人所称孟养陆阻地，江以西之门户，曰户工，孙士毅《绥缅纪事》尝载之。与孟拱旧土司相接，盖前明孟拱属于孟养。至本朝乾隆时，则孟养又为孟拱所属矣。江以东之门户曰允帽，与里麻旧土司相接，经略傅恒征缅时，于此济师者也。其在潞江、龙川江上流者，为茶山旧土司地。今所为怒夷者也，东接维西、中甸，直通丽江、永北，其南由上江十五喧至永昌，由马面关、滇滩关、大塘隘，皆至腾越，西北通西藏，东北与巴塘、里塘诸土司相接，出四川之道也。《云南通志》云：怒夷界最广，信矣案《皇朝职贡图》及余庆远《维西闻见录》诸书，或称怒人，或称怒子，皆云于雍正八年归附，以虎皮、麻布、黄蜡等物充贡，永以为例，盖皆内属之地也。其间金矿之富、树浆之饶，边内外民皆艳称之。号为陆海，以地势而论，当滇、蜀、藏三省之凹,其三面皆与诸边毗连,为藩篱锁钥之要地,岂可委之于外人乎,此地与缅境相去约二千余里,中隔孟拱、孟养两土司,自古以来未尝属于缅也。

论木邦孟密

前云南奏调道　姚文栋

《腾越志》云：自七土司外，逼近腾越者，惟孟养、蛮暮、孟密、木邦，孟养、蛮暮前已论之。孟密介乎大金沙江、龙川江之间，木邦介乎龙川江、潞江之间，亦边地之保障也。由腾越言之，陇川、孟卯两土司，其西南皆可至孟密，其东南皆可至木邦。孟密原木邦所分，故当时有大象孕小象之喻。其地有宝井数处，产红宝石及碧霞玼之属，明时遣内监掌之。杨慎、张含皆有宝井谣，即其事也。木邦在边地，处处通连，自陇川、孟卯以东，如遮放、芒市、镇康、孟定、耿马、孟连等土司，皆与之相接。总督伯麟《进（云南）种人图说》云：顺宁外接木邦，隔以猓黑，永昌外接木邦、蛮暮，隔以野人，盖顺宁、永昌两府所属皆毗连木邦，其间亦有不隔猓黑与野人者。往时，缅人入寇姚关，又侵扰九龙江之车里诸猛，大抵假途于木邦，其为边庭门户所系，可以见矣。本朝乾隆三十一年，木邦举众内附，载于会典则例。五十八年，木邦与蛮暮、大山、孟育等土司，同时更易印信，至今犹遵守勿替焉。夫明时三宣分地，南甸最广，六慰分地，木邦最广，当孟密未分时，其地西逾龙川，东逾潞，其南境有大江，由潞通入金沙，是为中缅旧界，木邦之地，至此而始尽也。今其北境，濒龙川江者曰南坎，与吾孟卯隔江相联，同一坝子（夷人称山间平地曰坝子），不得，则孟卯难守，陇川亦危。其西境跨潞江者曰麻栗坝，牙错于孟定、镇康、耿马之间，为姚关外蔽，顺宁、永昌两府，视此以为安危，要皆中国必争之地也。

潞江通舟说

前云南奏调道　姚文栋

潞江上流在滇境，下流弃之境外，蒙窃惑焉。盖南中之水，三江为大，若澜沧、若潞、若大金沙皆可舟可航者也。昔人尝论及之，以为夷人欲据险，隐塞不使通行，滇人习焉，遂不察耳。按《志》，称大金沙江，自蛮暮以上，山耸水陡，至蛮暮以下，地势平衍，阔可十五里，若以为通舟之路，至蛮暮而止者，而不知今日英国小火轮舟直至允冒矣，且由支江出孟拱矣，皆在蛮暮上流数百里间往来常通也。又《志》称：澜沧江，受西洱河、胜备河，至顺（顺宁）蒙（蒙化）交界处，土人谓之罗擦聚不，二十余日至锦龙江（一名九龙江），即水下流，海客船多会易于此。夫既有海客船来会易，则内地民船往与之会可知也。此江入海之口，已为法国所据，犹幸法人未涉吾界，故无小火轮舟上驶耳。若潞江形势，则视澜沧、金沙尤要矣，以其为滇西喉吭之地也。按《志》称：潞江，一名怒江，自芒市南流，出至木邦名喳哩江，又南流八百里，至摆古东入南海，自木邦以下，可通舟楫。明张机云：昔年，陇川多本宁，潜往摆古，见莽瑞体，由此江顺流而下，然则潞江之形势于此可见矣。国初阚祯兆作黑水考，以为天地设此三江，正为朝廷制驭西南诸夷，设异日间交缅不贡之罪，则此三江者，固汉家楼船，下番禺，出奇制粤之牂牁江也。其说盖本于张机，其后齐召南，作水道提纲，阮元修《云南通志》，皆采引之。至今日，而时势又一变矣，潞江入海之口，为英国所据，谓之摸儿面，为南海通商大埠。小火轮舟由此入江，与濒江诸地相贸易，此时虽未敢入滇境，而滇中乌可不知之也。倘使有衅小火轮舟，载兵而上，仓卒无备，腾越与永昌声息不相闻矣。夫潞江下流之东，皆中国旧土司，至今犹守本朝印信，英法两国觊觎不敢取，而滇中视若化外已久，此深可惜也。

潞江下游以东皆中国属地考

前云南奏调道　姚文栋

潞江下游以东，英所称为掸人者，皆中国地也。其一，曰孟艮土指挥使案。《大清会典事例》云：乾隆三十一年设云南孟艮土指挥使一人。又，《皇朝通典》云：南指挥使二人，曰孟艮。又，《皇朝文献通考》云：孟艮土司在车里宣慰司之外，处九龙江之西古蛮地，名曰孟揞。明永乐四年，内附置孟艮羁縻土府，其后为木邦所并。嘉靖间，附于缅，不通中国。本朝乾隆三十年，其地为莽匪所侵据，三十一年讨平之，地皆内属，以其头目召丙授土指挥使，隶普洱府及普洱镇管辖，此潞江下游以东之地一也。其二，曰整欠土指挥使案。《大清会典事例》云：乾隆三十一年，设云南整欠土指挥使一人。又，《皇朝通典》云：云南指挥使二人，曰整欠。又，《皇朝文献通考》云：整欠土司在车里宣慰司之外，处九龙江之南。本朝乾隆三十一年，其地为莽匪所侵据，于三十一年讨平之，地亦内属。以其头目叭先捧授土指挥使，隶普洱府及普洱镇管辖。此潞江下游以东之地二也。其三，曰猛勇土千总案。《大清会典事例》云：乾隆三十一年，设云南猛勇土千总一人。又，《皇朝文献通考》云：猛勇土司在普洱府西境外，处孟艮土司及整欠土司之中。本朝乾隆三十一年，以平定莽匪，其头目召斋等举众内附，授土千总职，隶普洱府及普洱镇管辖。此潞江下游以东之地三也。其四，曰整卖宣抚司案。《大清会典事例》云：乾隆三十一年，设云南整卖宣抚使司宣抚使一人。又，《皇朝文献通考》云：在孟艮土司西南境外，旧名景迈，即八百媳妇国，相传，其酋长有妇八百，各领一寨，因以名部。元初，屡用兵征之，以道路不通而还，后遣使招附，置八百等宣慰司。明洪武二十四年，置八百者乃宣慰司及八百大甸宣慰司。永乐五年，遣使至其境，却拒不纳，曾以兵讨之，后遣使入贡，嘉靖间附于缅，自是朝贡不至，其所属有十八大猛、十八小猛，地周三千余里。本朝乾隆三十一年，其头目召斋纳提举众内附，授宣抚司职。北潞江下游以东之地四也。其五，曰景线宣抚司案。《大清会典事例》云：乾隆三十一年，设云南景线宣抚使司宣抚使一人。又，《皇朝文献通考》云：亦古八百媳妇地，明嘉靖间，八百国为缅所侵，其酋避居景线，名小八百，向不通中国，其所属有十猛地，周一千八百余里。本朝乾隆三十一年，其头目呐赛举众内附，授宣慰司职，此潞江下游以东之地五也。其六，曰六本土守备案，《大清会典事例》云：乾隆三十一年，设云南六本土守备一人。又，《皇朝文献通考》云：六本土司，本整卖之地，以地方辽阔，自分为一部。本朝乾隆三十一年，其头目召猛斋举众内附，授土守备职，此潞江下游以东之地六也。其七，曰景海土守备案。《大清会典事例》云：乾隆三十一年，设云南景海土守备一人。又，《皇朝文献通考》云：景海土司亦在孟艮土司西南境外，向不通中国。本朝乾隆三十一年，其头目召猛彪举众内附，授土守备职。此潞江下游以东之地七也。其八，曰猛撒土千总案。《大清会典事例》云：乾隆三十一年，设云南猛撒土千总一人。又，《皇朝文献通考》云：猛撒土司，在顺宁府南境外，明时，猛撒与猛缅、猛猛称为"三猛"。万历间，曾置猛撒土巡司，寻入于耿马，其后不通中国。本朝乾隆三十一年，其头目刺鲜细利举众内附，授土千总职，此潞江下游以东之地八也。其九，曰猛龙土指挥同知案。《大清会典事例》云：乾隆三十一年，设云南猛龙土指挥同知一人。又，《皇朝文献通考》云：猛龙土司，在整欠土司属地之外，谓之沙人，向不通中国，其属有七十余寨，地周二千余里。乾隆三十一年，以平定莽匪，其头目叭护猛举众内附，授土指挥同知职，此潞江下游以东之地九也。其十，曰补哈土千总案。《大清会典事例》云：乾隆三十一年，设云南补哈土千总一人。又，《皇朝文献通考》云：补哈土司在猛龙土司之西，亦接整欠土司界，向不通中国。乾隆三十一年，以平定莽匪，其头目噶第牙翁举众内附，授土千总职，此潞江下游以东之地十也。故曰皆中国地也，且潞江下游以西之地亦有属中国者，一曰木邦土司。《皇朝文献通考》云：在顺宁、永昌二府西南境，处耿马、孟定等土司之外，为缅甸东路之门户，古蛮地，名曰孟都，亦名孟邦。元至元时，置木邦路军民总管府，领三甸。明洪武十五年，改为木邦羁縻土府。永乐初，改置宣慰司，于六宣慰中分地最广，其后数以从征功益地，隆庆以后，附于缅。万历中，复内属，寻仍入于缅，不通中国。本朝乾隆三十一年，其头目罕宋法等举众内附，此其一也。二曰蛮暮土司。《皇朝文献通考》云：在永昌府西南境外，为入缅扼要之路，古蛮地，明初属于木邦，成化时为孟密所有，宏（弘）治时复为孟养所有。万历间，曾置蛮莫安抚司，其后附于缅，不通中国。本朝乾隆三十一年，其头目瑞团举众内附，此其二也。三曰大山土司。《皇朝文献通考》云：亦名波笼，在永昌府、腾越州南境外，处龙川江之南。本朝乾隆三十一年，其头目垒管举众内附，此其三也。四曰猛育土司。《皇朝文献通考》云：在永昌府南境外，处潞江之西，附近木邦地方。本朝乾隆三十一年，其头目衍界举众内附，此其四也。是亦中国地也，恭考乾隆三十一年，高宗纯皇帝上谕云：杨应琚奏，新定整欠、孟艮地方，请仿照普洱边外十三土司之例，酌中定赋，于丁亥年入额征收等语，整欠、孟艮业经附入版图，愿输粮赋，其酌定征额之处，俱著照所请办理，但念该处地方连年经莽匪扰害，今虽得安耕作，而元气尚难骤复，若遽于丁亥年责令输将，恐夷民生计未免拮据，所有应征钱粮，著加恩缓至戊子年入额征收，以示优恤边黎至意。钦此。圣训煌煌，昭示千古，凡在臣民，益当数典而憬然矣。

潞江以东土司论

前云南奏调道　姚文栋

或问潞江以东土司，何时背中国而入于缅，则告之曰：至今诸土司犹守本朝印信，未尝背中国也，特中国以其远而疏之。渐久而渐忘焉耳。然则忘之于何时，曰：本朝会典，自康熙以后，凡三修至嘉庆而大备。始增则例图说，今诸土司载于会典、则例，则嘉庆时犹在可知也。道光十五年，云南修通志，始分其目曰"边外土司"。由此，在将疑将信之间，若有若无之数矣。此当日滇中官吏不考之过也。昔人有云：流官惮瘴，久而不履其地，诸酋不袭而自冠，信有然矣。又《通志·舆图篇》云：云南西南界缅甸，南界阿瓦，南掌越南，其图中于龙川江下流之西。书曰，缅甸界自陇川江下流以东，逾潞江直至九龙江之南。概书之曰：阿瓦界尤足令阅者发噱，夫阿瓦即缅甸之都城也，岂别为一国哉，且区区缅甸一都城，岂能跨越三江，有此数千里外之界哉！盖其所云阿瓦界者，即乾隆三十一年内附授职之诸土司也。龙川江以东，为木邦、大山等四土司，九龙江以南，则孟艮、整

·潞江以东土司论·

欠等十余土司也。是皆夹潞江左右，以为滇之藩篱者也。《通志》不能详其地之所在，宜乎仅存其目，而疏而远之曰边外土司。其懵于边事甚矣哉。夫自乾隆三十一年，平莽匪之后，缅未尝越潞江东以为境也。予于边外考缅史而知之，终缅之亡，潞东诸土司，固尝与缅战争矣，未有入于缅者也，是以英国外部尝告我。钦差大臣曾纪泽曰：中国于此地权力甚大，而缅无权力。其言至今犹存案牍，可以为证也。问者曰：为今之计，将复吾故土乎，抑将终弃之乎？应之曰：此亦形胜必争之地也，乌（焉）得弃之？今滇之西，一面受敌矣，彼能渡大金沙江而来，我亦能渡潞江而往，犹可以相劫制也，奈何更弃其南，使之两面交逼耶，且滇恃三江以为险者也。孟艮等土司，介乎潞江、澜沧江之间，若尽弃之，是无三江之险也，滇其可保乎？果若是既复之后，将何以处之？曰：是惟有流官相间之一法，盖滇民之耕种于其地，贸易于其地者，数以万计，设流官以治之，与流官相错处，而疆域定矣。文教日兴，则异俗自化，不难渐底于大同。此亦倪蜕所云：经常简易之宏谟也。夫今日之时势，岂复昔比哉，以瓜分豆散之部落，其不足恃为屏藩也明甚，徒以供强邻之蚕食耳。流官一设，则名正言顺，可以杜绝其觊觎也。且诸土司庇我宇下，亦有辞可执以谢之矣。近年，新疆、台湾皆改建行省，而后，外人不敢以兵再涉其地，其亦深得因时制宜之意者欤。

·滇事危言初集·

　　案志梁观察自识，称以上诸作，系初到滇时所上方略为多，犹在张（天明）黄（正林）两千总未撤之先，野人山以外，大金沙江以内，皆两千总孤军驻守之地也。绸缪牖户，事非甚难，制军（仁和王交勤）原深以为然。第欲商之中丞（镇远谭序初）不居独断之名，乃善后局司道、史汤两君，别有成见，尽力阻挠，直俟至张镇邹守，招引外人过江入山而后，上台亦无从措手云云。是当时果尽用其言，则滇中外交未尝不可挽回也。觐于观察，仅一面晤谈之缘，渴别二十年，未通闻问，然崇拜之极，则无日不在心目中。惜观察怀才不遇，既阻于滇，而又所至皆滇也。念及此，予欲无言。

　　　　　　　　　　　　　　　　　　　　　毅廷读识

上王制军说帖三

——论腾越西路野人山紧要门户

云南前奏调道 **姚文栋**

谨案明臣李本固疏云：夫滇南大势，譬之一家，苍洱以东，则为堂奥，腾永则为门户，三宣、蛮暮则为藩篱也。又陈用宾疏云：夫蛮莫何地也，三宣之藩篱也，三宣腾永之垣墉，腾永全滇之门户也，蛮莫失，必无三宣，三宣失，必无腾永，明人之论如此，案蛮暮土司所驻之地，即今新街，新街早为英人所占。藩篱已撤，门户寒矣。今所恃者，惟野人山耳。尝闻西报论野人山云：此山如在华界，则英兵虽满万不能敌华兵之百也。苟使英得此山，则百英兵亦可胜万华兵矣。其形势紧要于此可见。查野人山，自南至北，形要险隘之所在不过十数处，以守在山外为上策，倘有一处疏失，则敌可蹈瑕抵隙而入，腾永以西，更无可扼之险，岂非全滇之隐患哉！一蛮陇在野山之西麓，有上、中、下三路，内通蛮允，上路度野山二百零五里，中路一百六十五里，下路一百八十里，现为商人往来滇缅之通衢。本年，营员张天明、黄正林两人，奉委招募练勇在山中，迎送商驼，名曰保商，实即防山，洵是胜著。然有未尽善者，假令洋人扎营蛮陇，塞断山路之口，则山防骤形契重，且货驼出入不便，捐数骤落，则张、黄所带各营，费无所出，当此之时，防军势不可撤，而商捐无著，不得不费国帑以养之，非策之善者也。及今而豫为之计，惟有争先下著，驻重兵于蛮陇，以逸待劳，洋兵复来，必知难而退矣。（似当即令保商营员督办，须山中有兵五百，山外有兵五百方为万全）。蛮陇左近一带地方，俗称打哩坝，地皆膏腴，可以屯垦，如使蛮陇有重兵驻扎，则打哩坝一带自在掌握中，不但可为上、中、下三路之藩篱，兼可扼昔马、盏西、古永各路之总门户矣。兵既有田可种，则一二年后屯政有成，即可不再费饷也。

一允帽亦在野山之西，其地极关紧要，有两路内通腾越，其一古勇路，其一昔董路也。中度野山，各二百里许，古勇与昔董之间，有膏腴之地数百里，俗呼为大地方，与盏西相连属。允帽与昔董之间，亦有膏腴之地，俗称列牟，疑即里麻旧土司地也。此两处烟户甚稀，地亦荒芜不治，若招徕客民游勇，在此开垦兼办团练，寓兵于农，相为表里，足壮边庭形势。允帽、铃束其外，为门户重地，无论荒地已开与否，总须有重兵驻扎，以握古勇、昔董两路之口。查允帽系中国地，其北有一路可通树浆厂，商人之业树浆者，多聚于此，近年洋人屡次踏看，欲窃取其地。在彼以为得此地后，既有捷径可通树浆厂，又可撤我盏西、古勇之藩篱，不可不防之于豫也。

一打罗亦在野山之西，为昔马路之门户。内通盏达、干崖，其地濒江，溯流而上，八日至猛拱，顺流而下，五日至新街，最为冲要之地。沿江陆路，北通允帽，南达蛮陇，亦为中权扼要之地。此处应有重兵驻扎，以扼四达之衢，与允帽、蛮陇各营首尾相应，且可固盏达之门户，一举而三，善备焉矣。以上三处，实为野山西面三大重镇，倘失此不守，纵敌入险，则沿边数千里防不胜防，后来边事必更形棘手矣。

上王制军说帖三件

云南前奏调道　**姚文栋**

窃以盏西闷氏属地,直至江干,自明至今,未尝改动,盖因偏北,地僻,故缅人从未侵入。《明史》及本朝记载,云南志乘,历历载明,较之麻汤喷干,仅据边民口碑者,证据更为确凿。视洪蚌河一路界址,含糊未清者,情节亦殊,文栋实已考之甚详,非敢妄逞臆说。昨见张镇电禀:欲俟洋人至神护关,而后以界址善言告之,无故弃此横纵数百里之地,皆系险要所在,实属万万不可,务祈大人于电复时斟酌出之,此节于边务界务极有关系,文栋所不敢明知故默者也。张镇在腾,久为边民唾笑,实因见地过于庸暗,不知国计轻重之故,贻误大局,已非一端,似须广加咨询,别筹区处之方,即胜策在此矣。谨案明人筑关,未尝以关为界,盖边地险要,皆在关外故耳。神护关外之地,从来未尝属缅,试询之两国边民,口碑具在也。大抵滇缅间界址无定,乃以土司之去留向背为转移,而土司所有之分地,则皆随之未改。据志乘所载:南甸属地,直至江干,至今南甸未亡,何以竟指其属地

·上王制军说帖三件·

为弃地乎？夫区区关外数百里之地，去之亦何损于中国之大，而文栋必数数渎陈者，实以险要所在，弃险即无异弃腾，弃腾即无异弃滇故耳。近日，如麻汤洪蚌河各路，皆经宪台盖筹布置，可无深患，而西北一路，犹未及运筹，恐致如蚁穴之溃全堤，不可不慎。且文栋愚见，亦非欲用兵以与洋人争此土也。但以为，当据旧志，电告出使大臣，诘问其政府，则一言之下，亦可以折其机牙，其次令腾越厅致函新街，告以界址所在，则彼或自知敛戢矣。盖以兵守界，贵在事先，而片语折冲，亦未必无补于事后耳。夫边将以偷安为便，有卸责之心，故以守关为请，善后局司道不加考察，随声而附和之，当此群言庞杂之时，虽大舜之聪，犹或有所蔽，文栋心知其故，苟身留滇中而不言，实无以对诸边，是以不避屡渎之嫌，再陈边将之不可轻信，关外属地之不可轻弃，务请大人三思行之。

再英人越界强占一节，如电请总署诘问，则公私皆占先着，以公言之，可申明界址之所在，日后免致吃亏，以私言之，亦办事者预占地步之法，不致后来应付为难。盖当初，以早驻兵为先著，此时以早致词为先著也。一面仍须电知出使大臣，告其政府，此乃釜底抽薪之法，最关紧要。盖边地一二洋员，规利图功，事权得专，故锐于进取，往往俟事成，而后上告，故议院无不允从。若于此时迳达其政府，则必数十百人集议，允者半，不允者亦半，而事多牵掣矣。边吏轻量华人，故跳梁喜事，议院重开邦隙，故必以无事为福，其用意迥殊。近数年，英兵迭次越华界焚掠，必其政府所未闻，正当告之使知，则后来自当敛戢矣。又英人无理逞强，固缘华官隐忍无言，早示之弱，亦以地当偏僻，他国不能闻知，故纵恣无忌至此，若能将此中情节布之各国新闻，则清议公论，必有群起而斥其非者，是亦不战屈人之一术也。

十二月初三日

制军批答云，尊议英人越界，必须电知总署及令腾厅致函新街两节，自是题中应有之义，亦必愿如此刻已饬局速电黎丞，再将此次越界详细情形及地名道里，即日电覆，俟覆即当照办。

禀总署堂宪

云南前奏调道　**姚文栋**

窃查云南西南两路边防，以永昌、顺宁、普洱三府，及腾越、龙陵、缅宁、威远、思茅、他郎各厅为门户，而皆以缅甸为藩篱。自英人得缅，藩篱撤而门户寒矣。所幸者，犹有野人山之天险可以限隔中外，若使野人山为英所得，则长驱而入，云南有高屋建瓴之势，而云南更无可扼之险矣。职道入滇后，稽之志乘旧卷，并访之边民口碑，乃知野人山，实系中国现属各土司之分地，皆在云南界内，非瓯脱比也。夫目论之士，以为云南天末遐荒，不关形要，而不知云南实有倒挚天下之势，由云南入四川，则踞长江之上游，由云南趋湖南而据荆襄，则可摇动北方。顾亭林《郡国利病书》，尝极言之矣。况今有印度、缅甸以为后路之肩背，则形势更胜于昔。英之觊觎云南，非一朝夕矣。夫云南之得失，关乎天下，而野人山之得失，关乎云南，能保野人山，则云南安，能保云南，则天下皆安。一山之所系，实不浅鲜也。职道抵缅甸时，英人恳恳致意，欲以兵相送，窥其意，乃欲藉（借）名以入野人山耳。故职道婉言以辞之，其后兵已追至蛮陇，职道仍麾之使回。彼时与职道偕行者，惟一翻译，别无随从之人，所谓单车之使耳。然英兵数百，大将二人，惟职道之命是听，不敢以威力相强者，无他，山在中国界内，折之以情理耳，不意其以诡词欺诳衙门，终有攘取吾界内野人山之意。而职道亦难终其事，所冀日后勘界大臣，明于地势，善为说辞，刚柔得宜，挽之于既往，则大局之幸也。夫云南昔与缅甸为邻，缅小国也，未足为患，今与英吉利为邻，英强国也，貌和而心叵（叵）测，岂可不防其未然，筹之于豫哉。查自腾越、龙陵二厅，度野人山以通缅甸，山中共有九道，皆汇于新街，新街者，中国蛮暮土司故地也。乾隆间所颁印信，至今具存。昔年，曾侯使英，欲索回新街，以为边庭之重镇，可以扼门户总枢。自新街沦于英，于是职道有保守野人山九道之议，盖已是防边中策矣。而滇中司道镇将贪利徇私，坚持异议，卒至天险骤失，敌踞上游，深可惜也。至英所谓掸人，在潞江下游东者，即中国乾隆时土司孟艮、木邦等之地。在缅宁、威远、思茅、他郎各厅边外，昔年英庭曾许归于我，今虽游移，亦尚未设官驻兵，自缅甸渡潞江入思茅，共有三道，孟艮濒江，总扼其冲，亦边外之重镇也。

是篇删去前后数段，以前段系叙述交卸俄德等国差使及由法启程到滇情形，杂以考据，无关宏旨，后幅词意与下篇相同也。

毅廷读识

复薛星使书

<small>云南前奏调道</small>　**姚文栋**

敬禀者，职道于本年正月间，道出巴黎，蒙宪台劄委查看印度、缅甸各埠华商情形，并密探云南边外与缅甸交界地势。启程后，业将查看沿途商务及应办事宜，历次禀陈在案。嗣奉钧电，谕令将勘界情形速行详禀，以便循例出奏等因，遵查职道，自查看商务完竣后，于四月初五日由新街启程入滇，溯大盈江东北行。大盈江者，自腾越发源，与槟榔江合流至新街之北，而入于大金沙江者也。初六日，抵蛮弄登岸，是为野人山之西麓。初七日，度野人山，山中野人皆中国土司所辖，职道初疑即赤发野人陆阻地，细考之，乃知其非，盖赤发野人尚在此山之极西北，所谓陆阻地者，已接藏境矣。大盈江穿越此山而过，江以北为蛮哈山，俗称象鼻子，江以南为南牙山，皆载于《滇志》。初十日抵蛮允，是为野人山之东麓，至此始出险矣。十三、十四、十五等日过盏达、干崖、南甸，皆现属腾越之土司也。十六日抵腾越，至五月二十七日抵云南省城。自巴黎至此，在途凡四月有奇，虽备

极险艰,而上赖国家威福,得以无恙。查职道所经云南边境,皆系西路,在永昌、腾越、龙陵之外,其外以大金沙江为天险,其内以野人山为天险,皆所以限隔中外者也。职道详查,乾隆时,滇缅老界,西包孟拱、孟养,在大金沙江之外,西南包蛮暮、木邦、孟密,在潞江、大金沙江之间,其南有江,自潞江通入大金沙江,为滇界尽处,俗亦称为潞江,盖潞之支江也。道光以后,木邦等土司,潜为缅甸所诱,中国置之不问,是以现属腾越之土司,惟有南甸、陇川、孟卯、干崖、盏达,现属龙陵之土司。惟有遮放、芒市等,皆为临边之地,盖已蹙地数千里矣。职道查,自腾越、龙陵度野人山,以通缅甸,大略有九道,皆汇于新街,新街者,腾越土司故都也,若能如曾侯原议,索回新街,以扼门户之总枢,是为防边上策,新街既沦于英而不可返,于是职道有保守野人山九道之议,守吾界以遏其阑入,犹不失为中策,若并九道不守,举野人山而弃之,则日后边防无险可扼,虽使孙吴复起,亦无策矣。此专就西路言之也。自西路而外,更有南路、北路,皆关紧要,南路车里土司之外,为乾隆时土司孟艮、整欠等之地,即英所谓掸人,在潞江下游之东者。车里与孟艮相接处,仅有小江数道,无险可恃,惟孟艮在潞江之滨,为边外重镇,又系商货四集之大埠,由缅甸渡潞江而犯思茅、普洱,本有三道,孟艮总扼其冲,实为要地。职道尝论:新街、孟艮之于云南,如鸟之有双翼,新街跨山为险,屏卫其西，孟艮扼江为险，屏卫其南，皆形势必争之地。若弃此两险，则如无翼之鸟，就擒必矣。昔年，英廷欲举潞江以东悉归于我，盖即指孟艮、整欠等之地，而滇中督抚误以下游为上游，遂疑英人有叵测之心，不肯轻许，不知此地本属中国，于云南边务甚有关系，奈之，何其迟疑不决也。北路在野人山之北，有甄（瓯）脱之地千八百余里，相传为明时茶山、里麻两土司之故地，今亦野人居之，既不属华，亦不属缅。职道在边外详查地势，由彼处入华有数道，一通西藏，一通四川之打箭炉，一通云南之丽江、永北等处，若使日后为英所得，则三省边防疲于奔命，实为一大隐忧。山中产黄果树百千万株，多难胜计，俗呼其地为树浆厂，外洋购买其树中之浆，以为器皿，凡可收放宽紧者皆是，计此树每株所出之浆，年可得小洋四百余元，利源极大。其间又有金矿两处，矿苗亦旺，以云南民贫地瘠，而其边外乃有此沃饶，不及今取以为资，而留之以资敌，甚非计也。且树浆一物，为外洋所必需，其权自我操之，则亦可藉（借）以制驭英人。如康熙时，俄人仰给我茶叶、大黄，即借此二物之微，以施操纵之术也。职道前过野人境时，闻者或疑其狰狞可畏，而岂知树浆载道，妇孺争迎，野官负弩执鞭，咸有求庇之意，即远处树浆厂之头目，亦遣使奉书，译其词意，自称本是汉民，愿仍隶汉籍等语，彼皆恐洋人之见逼耳。以上三节，皆系云南边地之要务，不可不于勘界之先，熟筹而审处之。西路之野人山，本系现属土司界内之地，有数百年新旧志书可据，此当折之以情理者也。南路潞江以东之孟艮、整欠等地，为乾隆时旧土司，英人尝议归于我，案悬未定，此当引申初议者也。至北路之树浆厂，距缅最远，向未属缅，而所关于我三省边防者甚大。按公法云，遇荒地不属邦国管辖者，无论何国，皆得据为己有，此当以兵力豫占，可以先入为主也。职道奉委密查边地界址，踏勘既周，询访既详，不得不悉心筹画（划），质之边地耆民及有识之士，佥以为然，故职道此番勘界筹边之苦心，边民人人能谅，而云南省垣，距边已远，京师距云南更远，烛照所不能及，惟有据实禀请宪台，奏闻朝廷以争先着而杜后患，恐数千里之边防，为亿万年之久计，庶免日后有悔，而叹先见之无人，边地幸甚，大局幸甚。

再复薛星使书

云南前奏调道　**姚文栋**

敬禀复者,职道自奉宪台委查缅界入滇,嗣经云贵总督留办边务,凡勘界防边各节,熟筹统计,其要有三:一野人山为云南西路之屏藩也,形势险要之所在,门户之所系,此亦如陆抗所云:有警当倾国以争者,山中及山以内、山以外,多有膏腴沃饶之地,或以兵屯田,或招佃开荒,而练团自保,均不必大费兵饷,而可以实边固圉,野人本乐为我用,居则行保甲之法,出则行束伍之法,亦可得精兵万千,地利人和,交相为资,此一要也。今虽事机已失,英兵阑入山中,全山为其所占,然此山向不属缅,系我现属土司界内之地,载明志乘,诚使后来勘界大臣详查地势,以情理折之,则挽救亦易事耳。倘英人不顾情理,并可质成于他国,俄法皆能助我以抑英也。所虑者,勘界之时含糊默许,仍安退让,则此山再无收回之期,而云南危如累卵矣。一潞江下游以东之地,为云南南路之屏藩也。查普洱所属之车里土司,与边外孟艮土司,情联姻娅,势如唇齿,孟艮本我旧属,乐于内附,英人尝欲以掸人归我，即其地也。现查南路边防，无险可扼，难御强敌，必须收回潞江以东形势，方为完善，此又一要也。该处土司富饶，足以自给，但照腾越七土司之例待之，自可相安无事，别无所难。目下，英兵蹂躏滇边，已遍于西路，独置掸人不即经理，殆因初议未定，留以有待耳。所虑者，日后勘界仍以不贪为名，不肯收受此地，则云南西南两面均有受逼之势，腹背夹攻，何以自存？且潞江下游，现通轮舟，不难溯江上驶，一旦有变，易如剖竹，此云南之隐忧深患也。一野人山北之树浆厂为云南北路之屏藩，又为四川、西藏之屏藩也。滇缅之交乃百物菁华所萃，有琥珀矿，有翡翠矿，有砒碙矿，有红蓝宝石矿，不出孟碙、孟密两土司境，皆乾隆时属地，前明尝遣内监掌之，近年已沦于英。又有准木厂、火油井厂，亦在七大利源之数，尽为英辖。惟树浆厂距缅最远，尚未为英所得。查树浆一项，惟亚非利加及此山有之，亚非利加渐已告竭，而此山正在方兴之际，华商入山采运者，不下千余人，其中亦有成聚成邑之处，如由大金沙江外之孟碙上山，则以护碙为门户要地，由大金沙江内之允帽上山，则以三鸦碙为门户要地，而其都会所在，则曰坎底。由此北通西藏，东通四川、云南，吾若先占此地，可以管三省边廷之锁钥，而边外七大利源亦可分取其一。山中有兵五千人，散布要隘，自足弹压野人，抵御洋人矣。其间又有金矿二处，准木厂数处，皆可招商承办，得其地足以固边，因其利足以富国，此又一要也。所虑者，日后此地为英所据，则逼近云南之丽江一府及永北、腾越两厅，腾越既添一患，而丽江、永北等边防都形吃紧。且川中、藏中都未知有此间道，一旦英兵分途而入川藏，人见之，必将惊骇出于意外矣。职道窃见滇中大吏因离京太远，小心过甚，遇有洋务牵涉，必请示于总署暨北洋大臣，俟命而后举行。窃意总署、北洋，去滇万里，岂能遥揣边情曲折，又窃见滇中官员，憷于边务，殊少独醒先觉之人。窃意日后勘界大臣，来从远道，而周咨博访，骤亦难详，拟请宪台将职道原禀情形，转咨总署暨北洋大臣处存案，以备勘界时考核之用，或于边务界务不无土壤涓流之益，伏候卓裁。

案志梁观察于界务，不尺寸迁就，深为敌忌，寓书政府，必易观察，乃定约观察，亦以有小见，阻不得行其志，遂托病归里，于是，敌谋日逞而滇界蹙矣，浸假而至有今日矣噫。

毅廷读识

初勘缅甸界记书后

腾越　**张成濂（景周）**

缅甸、越南皆附庸之国，譬犹欧洲之瑞士、比利时，当在保护之列，诸大国不得加兵，是为得公法之正，如其国已残灭不能自存，则有波兰之旧例在，下缅甸归英，上缅甸当归中国，此又公法均势之说，非为利其土地，富强之势，有所偏重，即虞其逼，不得不尔也。英初入缅，告其属曰：见中国兵所在则止，盖犹守此义而惜乎中国之昧于公法也。且缅越别自有说。本属中国，为吾外藩，假令当日有一使臣驻其国都，则英法亦不敢觊觎，即有衅端，调停亦易，所费无几，而保全实多矣。英法与土耳其相去万里，风马牛不相及，徒以形势所在。俄欲侵吞之，而英法卒能禁止之，况缅越为吾属国屏藩，是任利害攸资，讵不可杜之于未形，争之以先著哉，然此已往之事，姑无论已，所可异者，当时曾侯与英辩论，英称潞江以东之地，及南掌、掸人等国，悉听中国之便，或留为属国，或改作属地，英不与闻，盖以其地土司本属中国。英之辞气，只以为勿涉中国界而已，中国闻之，乃谓英欲进献潞江东地，若不自知其本为我属者，此固英人所未及料也。英法两国由此生心，英作新缅甸图，始将其地改入于缅，与缅一色。法新越南图，亦将其地改入于越，与越一色，皆为日后攘取之计。然去年，英员度潞窥探，索观诸土司印信，皆乾隆时所颁给，缅人言：锡箔王虽越潞用兵，未尝得尺寸之地，然则无与于缅，更无与于英，而况越与法哉。中国通懦，罕能究心西南地势，故诸家皆以大金沙江入海之口，即为潞江下流，而不知潞江自入于海，此亦有故，旧时中国南境至木邦而尽，木邦南境至江而尽，此江由潞通入大金沙，盖潞之枝（支）江，见其枝（支）不见其干，遂溷潞与大金沙为一耳，近年木邦已弃不问，则并无有知此枝（支）江者矣。又曾侯向英索新街，英有许还老蛮暮之说，此亦一异。老蛮暮本在江内，居民马武相守之于前，张千总天明、黄千总正林保之于后，本未沦于域外，何俟英之还哉。顾英之蓄意于老蛮暮亦久矣，其始诱令华商请兵保路，商不之许，其后贻书张、黄，论其兵少，欲入山相助，张黄亦不之许，固已无隙可伺，知难而止矣。藉非镇将郡守，贪利徇私，何至隳两千总已成之功，而辜众商人维持之意哉。辛卯十月，英始越境而来，视曾侯辩论时，已相隔十稔，则此十稔中，若未知其地之为此为彼，此又边地，商民及两千总所未料者也。大抵中国官与民隔，上下不通气，而疆臣任事于内，使臣任事于外，内外之气亦隔，故外人得乘机颠倒，反覆于其际，使吾内外上下均受其愚，病源盖在于此，读观察是书，可以知补苴之方，使当事者无忽其言，则西南之沈（沉）痼可释矣。

大清国、大英国续议滇缅界商务条款

大清国　大皇帝

大英国　大君主五印度

大后帝，现因两国如此和好，极愿固结邻交，益加亲睦，订立条约，俾光绪十二年六月二十三日北京所定缅约第三款之事，得以办妥。

大清国

大皇帝，特派钦差驻剳，英京大臣二品顶戴，都察院左副都御史薛。

大英国　大君主五印度

大后帝，特派钦差管理，外部事务大臣勋赐极尊鞞带宝星，世袭伯爵，劳各将钦奉全权文凭互相较阅，均属妥协，议定条款如左。

第一条

今议定两国边界，自北纬二十五度三十五分起，由格林尼址东经九十八度十四分，即北京西经十八度十六分之尖高山起，随山脊而行，向西南过高仑坪及瓦仑山尖，由此过华昌村与高仑村之中间，以华昌村归缅甸，高仑村归中国，直至萨伯坪。

自萨伯坪起，其线向西而行，稍向南，过式脱仑坪，到纳门格坪，由此仍向西南，随山脊而行，至大

·大清国、大英国续议滇缅界商务条款·

萨尔河，自此河源至此河与至此河与南太白江相会处，分尤克村在东，列捧村在西。

自大萨尔河与南太白江相会处起，界线溯南太白江而行，至此江与雷格拉江相会，循雷格拉江上至其源，在尼克兰相近，自雷格拉江发源处，分尼克兰古庚、升格拉在西，昔马及美利在东，其线自来色江之西源起，至此江与美利江相会处，复溯美利江上至其源，在赫畚辣希冈相近，再向西南，顺列塞江而行，自列塞江源至该江流入穆雷江处，在克同相近，分克同村在西，列塞村在东，界线即循穆雷江向东南而行，至与既阳江相会处，然后溯既阳江，上至其源，在爱路坪，然后山南奔江（即红蛙河）西支源起，顺南奔江而行，至流入太平江（即大盈江，一名大槟榔江）之处，以上系首段之边界线。

第二条

第二段之边界，由库弄河（一译作葛龙江）与太平江相会处起，循库弄河，经过其西边一条之支江，至其根源，自此向南而行，与洗帕河（即下南太白江）相会，适在汉董之西南，以麻汤归英国。垒弄格东、铁璧（壁）关、汉董归中国。至此溯洗帕河之支江而上，此江有根源，最近孟定格江之根源，即循山脊而行，向东南方，至南碗（宛）河边靠南之克沱，以克沱归中国，配仑归英国。循南碗（宛）河向西南方而行，下至该河转向东南处，约在北纬二十三度五十五分，其线由此往南，稍向西至南莫江，以南盖归英国。

循南莫江而行，至南莫江分开处，约在北纬二十三度四十七分，溯南边一条之支江而行，至蛮秀南边高岭之脊，约在北纬二十三度四十五分，即循此岭脊而行，此岭脊系向东行，稍向北，至瑞丽江（即龙川江）与南莫江相会处，以蛮秀地方，及天马关、欣隆、拱卯各村归中国。此数处在以上高额之北首，即溯瑞丽江而上，至此江分流处，再溯南边一条之支江而上，以江中大洲归中国。至此江与孟卯相对东边合流相近之处，如第三条所开。

中国答允由八募至南坎各路中之最捷一条大路，经南碗（宛）河之南中国一小段地内，除中国商民与土人仍旧任意行走外，亦可听英国办事官员，及商民游历之人行走，并不阻止。英国如欲修理此路，或设法改筑，可臻平稳，告知中国官后便可动工办理。又有须保护商贾或防偷漏等事，英国亦可筹备办理。又议定英国之兵可以随便经过此路，但如兵数过二百名者，若未经中国官答允，即不准过此路，所有带军器之兵，如在二十名以上，即须豫先行文知照中国。

第三条

第三段之边界，自瑞丽江与孟卯相对东边合流相近之处起，照天然界限及本地情形，东南向麻栗坝而行，约到格林尼址东经九十八度零七分，北京西经十八度二十三分，北纬二十三度五十二分地方，一有大山岭，自此循岭脊而行，过来邦及来本陇，至萨尔温江（即潞江），约在北纬二十三度四十一分，此段由瑞丽江至萨尔温江之边界，应照第六条所开，由勘界官划定，所有归与中国之地，极少须与孟卯至麻栗坝作一直线为边界所包括之地相等。倘查得合式（适）可为边界之处，尚须加添少许之地归中国，则中国应将别处边界之地给还少许与英国，此事俟日后酌办可也。

自北纬二十三度四十一分起，边界线循萨尔温江至工隆北首之边界，即循此工隆边界向东，留出工隆全地及工隆渡归英国，科干归中国，由此循英国所属之琐麦，与中国所属之孟定分界处之江而行，仍随此两地土人所熟识之界线，至界线离此江登山处，以萨尔温江及湄江（即澜沧江）之支江水分流处为界线，约自格林尼址东经九十九度，北京西经十七度三十分，北纬二十三度二十分，约至格林尼址东经九十九度四十分，北京西经十六度五十分，北纬二十三度，将耿马、猛董、猛角归中国。在格林尼址东经九十九度四十分，北京西经十六度五十分，北纬二十三度处，边界线即上一高山岭，此山名公明山，循山岭向南而行，约至格林尼址东经九十九度三十分，北京西经十七度，北纬二十二度三十分，以镇边厅地方归中国，然后其线由山之西斜坡而下，至南卡江即顺南卡江而行，约过纬度十分之路，以孟连归中国，孟仑归英国，然后循孟连与康东之界线，此界线亦皆土人所熟悉，至北纬二十二度稍北处，即离开南卡江，向东略南循山脊而行，至南垒江，约在北纬二十一度四十五分，格林尼址东经一百度，北经西经十六度三十分，由此循康东及江洪之界线,此界线大半系顺南垒江而行,惟除属江洪一小带之地,系在南垒江之西,北纬二十一度四十五分稍南界线行至江场边界后,约在北纬二十一度二十七分,格林尼址东经一百度十二分,北经西经十六度十八分,即循江场与江洪之界线而至湄江。

第四条

今议定北纬二十五度三十五分之北一段边界,俟将来查明该处情形稍详,两国再定界线。

第五条

现因中国不再索问永昌、腾越边界外之隙地,英国大君主于北丹尼(即木邦)地及科干,照以上所划边界让与中国之外,又允将从前属中国兼属缅甸之孟连、江洪所有缅甸上邦之权,均归中国大皇帝永远管理,英国大君后于该地所有权利,一切退让,惟订明一事,若未经大皇帝与大君后豫先议定,中国必不将孟连与江洪之全地或片土让与别国。

第六条

约内所开边界各线及所附之地图,绘明详细,应由两国所派勘界官比较划定,以免地方官民争论。如查得无论何处有未甚妥协者,应行更正,两国勘界官应于交换批准条约之后十二个月之内,在两国届时所定之地相会,勘界官自首次相会之日起,应限定不出三年之外,将两国界线一律勘定。倘两国勘界官查出所定界线,必须改易,其互易之地,不应仅视其地面之大小，须论其土地之肥瘠及紧要与否，倘勘界官不能商妥，应速将未妥情形，各报界本国国家核办，勘界官又须设法查勘中国旧边界，名为汉龙关者，倘查得在英国境内，英国当审量可否归还中国（如查系在孟卯东南，即系在孟卯经麻栗坝直线之北边则已归中国矣）。

第七条

划界之事，经两国勘界官勘定后，两国如有越界之兵寨等，于八个月之内，一概退出。彼国兵退，此国立即派兵接驻，两国应将退兵驻兵日期，豫相知照，自驻兵之日起，应各担保界内所居之各种野人安静无事。

除保护边界各地安静必应有之兵寨外，两国答允各不在边界十英里之内，建修新旧炮台营寨，英里量法，系从最近之边界，作一直线量之。

第八条

英国极欲振兴中缅陆路商务，答允自条约批准之日起，以六年为期，中国所出之货及制造之物，由旱道运入缅甸。除盐之外，概不收税。英国制造之物及缅甸土产，运出缅甸，由旱道赴中国，除米之外，概不收税，其余悉照第十条、第十一条办理。

以上盐米之税，不得多于出入海口所收之税。

第九条

凡货由缅甸入中国，或由中国赴缅甸，过边界之处，准其由蛮允、盏西两路行走，俟将来贸易兴旺，可以设立别处边关时,再当酌量添设。中国欲令中缅商务兴旺,答允自批准条约后,以六年为期,凡货经以上所开之路运入中国者,完税照海关税则减十分之三,若货由中国过此路运往缅甸者,完税照海关税则减十分之四,凡有陆路出入货物,应给发三联单(即子口税单)照通商口岸章程,一律办理。

运货经过中国地段,如在此约所准之路之外,及有偷漏等弊,倘中国官愿行查办,即可将该货充公。

第十条

凡以下所开军器,非经国家准购,不得由缅甸运入中国,亦不得由中国运往缅甸。此等货物,仅准售与奉国家明谕购办之人,不得售与他人,如各种枪炮及实心弹、开花弹、大小弹子,各种军械、军火、硝磺、火药、炸药、棉花火药及别种轰发之药。

第十一条

食盐不准由缅甸运入中国,中国铜钱、米豆、五谷不准运往缅甸,鸭(鸦)片及酒不准由两国边界贩运出入,惟行路之人,准其酌带若干,以备自用,每人准带之数,应照关章定夺。

若犯此条及前一条,即将所有之货充公。

第十二条

英国欲令两国边界商务兴旺,并使云南及约内中国新得各地之矿务,一律兴旺,答允中国运货及运矿产之船只,由中国来,或往中国去,任意在厄勒瓦谛江(即大金沙江)行走,英国待中国之船,如税钞及一切事例，均与待英国船一律。

第十三条

中国大皇帝可派领事官一员驻劄缅甸仰光，英国大君主可派领事官一员，驻劄蛮允，中国领事官在缅甸，英国领事官在中国，彼此各享权利，应与相待最优之国领事官所享权利相同。如将来中国商务兴旺，两国尚须添设领事官，应由两国互相商准派设，其领事官驻劄滇缅之地，须视贸易为定。

中英两国领事官，在所驻之地与其地方大员往来，均系平行。

第十四条

英国商民等，欲由缅甸赴中国，应向合宜之英员，请中国派驻仰光之领事官，或边界上之中国官，给发护照，方能前往。其护照式样，一边英文，一边华文，与通商口岸所给护照无异。华民欲由中国赴缅甸，如愿领护照者，可向华官请英国驻劄蛮允之领事官，给发护照，倘遇中国别地有一英国领事官，亦可就近请给护照。

第十五条

英国之民，有犯罪逃至中国地界者，或中国之民，有犯罪逃至英国地界者，一经行文请交逃犯，两国即应设法搜拿，查有可信其为罪犯之据，交与索犯之官，行文请交逃犯之意，系言无论两国何官，只要有官印，便可行文请交，此种请交逃犯之文书，亦可行于罪犯逃往之地最近之边界官。

第十六条

今欲令两国交涉与贸易日臻蕃盛,并欲中国派驻仰光之领事官,与中国大宪往来通电,两国答允,俟可设法通电之时,应将两国电线接连,此线创办之始,专寄滇缅官商等往来电报。

第十七条

两国人民,无论英民在中国地界,或华民在英国地界,凡有一切应享权利,现在所有,或日后所添,均与相待最优之国一律,不得有异。

第十八条

约内所开通商各节,俱非寻常款例,此由两国察看地方情形,及中缅陆路通商应办之事,互相允让而立,所有互给权利,两国之民除有同样情形外,不得在别处接壤之地,照样索问,即使有同样情形,亦必须有同样之允让方可。

第十九条

以上通商章程,系暂行试办,俟两国察看得详细情形,如何去碍获益,可于交换批准条约六年后,或中国愿行修改,或英国愿行修改,均可商议,倘两国俱愿略早修改亦可。

第二十条

此约由大清国大皇帝、大英国大君主五印度大后帝批准,自画押之日起,准六个月在伦敦互换,或能略早亦可,此条约应于交换后立即开办,现在大清大英国各大臣,先盖用关防,以昭信守。

此约共四分（份），华文二分（份），英文二分（份）。

光绪二十年正月二十四日在伦敦立
西历一千八百九十四年三月初一日

约后附载

今因照办光绪十二年六月二十三日——西历一千八百八十六年七月二十四日北京所定缅甸条约第三款之事，中英两国规定条约，今日签名。于签名之前，两国签名大臣，俱认现订条约，既系专办约内首段所言之事而立，约内各款仅可用于条约所指两国所属之地，不能用于别处。

按：光绪十二年，中国与英使定约于北京，嗣因缅甸为英所并，因于二十年与英立续议条款后，又以中国将江洪界内之地让与法人，英人喷有烦言，复于二十三年正月与中国订立附款专条，即下篇所载各条款是也。

毅识

筹议粤省西江通商　重订滇缅边界拟定附款专条折

总理衙门

奏为筹议粤省西江通商，重订滇缅边界，拟定附款专条，谨缮清单，敬呈御览。恭折仰祈圣鉴事，窃臣衙门于光绪二十一年十一月十五日，具奏西江通商一案，奉旨知道了，钦此。当经照会英使臣，并咨龚照瑗，与英外部商定野人山地，仍留缅约，以全邦交。本年二月间，迭据龚照瑗电述英国减让野人山地界，而于西江通商口岸，请在肇庆、梧州、桂林、浔州、南宁五府设立领事，佛山、高要、封川、南新墟等处停泊轮船，由广州、澳门出入。臣等以野人山地，减索无几，而通商口岸太多，且桂林在北江之北，浔州、南宁在籐江、龚江上游，并非西江，岂能强索。因电令龚照瑗，再与切商，责以践诺。四月间，复据龚照瑗等到英外部减索野人山地图，较之薛福成定界原图，自萨伯坪起，偏向西南，以昔马一处，划归缅界，复循旧线至南碗（宛）河之西，斜向西南稍曲处地，曰南坎，归入缅界。又自西而东地，曰北丹尼，曰科干。

英外部以此两地，原属缅甸门户，当时误划与华，乘机索回，此外无甚改易。龚照瑗与臣等电商未定，英使臣窦纳乐来华，接任驻使。八月间，该使臣窦纳乐来言，奉到外部训条，面交增改缅约节略二十款，洋文地图一纸，其增改野山界线，核与龚照瑗所寄之图尚符。惟第十二条内，缅甸现有及将来续开之铁路，接入中国。第十三条，腾越、顺宁、思茅三处设领事。第二十条，光绪二十一年五月，中法条约利益一律让于英国，又续增专条，请在新疆设领事，通省任便游历，并照光绪七年俄约，准英民在新疆各处贸易，无所限制，亦不纳税各等语，未免变本加厉。即西江通商，坚索至南宁以上，又多索停泊处所，否则决废缅约，以为要挟。臣等再三驳论，该使始电其外部，逐渐转圜，首将新疆设埠及援照法约利益两节删去。滇缅接路一节，改为俟中国铁路展至缅界时，彼此相接。滇界领事一节，改为将已设之蛮允领事改驻或顺宁或腾越一处，其思茅领事，系援利益均沾之说，尚非英国独创也。其野人山界线，改将南坎一处作为永租，余俟两国派员勘定。综原约之可留者，臣等详与商留。共十九条附于缅约之后，该国废缅约之谋，已消弭矣。惟西江通商一节，辩论最烦，经臣等明白开导，援据舆图，指陈利害，辩驳数月，该使始允至梧州而止，梧州之东，只开三水县城江根墟，商船由磨刀门进口，其由香港至广州省城。本系旧约所准，仍限以择定一路，以通西江。沿途停泊处所，限定江门、甘竹、肇庆、德庆四处。持南宁之议，该使仍以外部已徇英商之请，断难全驳。因订俟彼此察看商务情形，如果兴旺，设埠有益，及中国铁路展至百色时亦可作为通商口岸，给与文函，不载条约。此事筹办经年，诸多棘手。现计野山界线，减索只科干误划之地，仍归缅界，多一转折，余无大碍。西江通商口岸，初索至五府之多，今订至梧州而止。停泊处所，分别准驳，且声明照长江停泊章程办理。以杜流弊，至驳删，援照俄法利益两款，可免无限葛藤，较有关系。臣等公同商酌，就此定议，宜可结束，如蒙俞允，应请敕派大臣，与该使臣画押，以符成案。此外，设关分界事宜，仍由臣衙门与滇粤督抚臣随时妥商办理，所有筹议粤省西江通商，重订滇缅边界缘由，理合恭折具陈，并将《中缅条约》附款及专条，暨附约文函。缮呈御览，伏乞皇上圣鉴训示，谨奏，光绪二十三年正月初三日奉硃批著，派李鸿章画押，钦此。

驳删援照俄法利益两款，新滇两省人民受福无量。

毅廷读识

谨将《中缅条约》附款缮呈御览。

大清国、大英国

国家为续议附款事，今因英国不再索问中国于光绪二十一年五月二十八日，与法国订立条约，所让江洪界内之地，致与二十年正月二十四日与英国订立之

《中缅条约》相违，彼此和商，于原定条约或增或改，拟立附款如左：

第一条

今议定两国边界，自北纬二十五度三十五分起，由格林尼址东经九十八度十四分，即北京西经十八度十六分之尖高山起，随山脊而行，向西南行至瓦仑山尖（即高良），由此接至萨伯坪。自萨伯坪起，其线顺分水山向西而行，稍向南，过式脱仑坪，到纳门格坪，其线由此分西衣、冈木萨两处而画，直至大巴江，然须俟就近查考后再定。自大巴江至南太白江，自南太白江至巴克乃江，自此顺巴克乃江到该江源头，大郎坪相近处。由此顺大郎坪岭，至奋辣希冈，自奋辣冈线，顺西南而行，至列塞江，顺列塞江至穆雷江分克同村及列塞村。于两处线自中画，自此顺穆雷江，至该江与既阳江相会处，再顺既阳江至爱路顺南奔江（即红蚌河）至太平江。

第二条

自太平江及南奔江相会处，此线顺太平江到瓦兰岭相近处，由北顺瓦兰岭及瓦兰江，至南碗（宛）河，顺南碗（宛）河，至该河与瑞丽江（即龙川江）相会处，南碗（宛）河之南那木喀相沅，有三角地一段，西濒南莫江之支河，及蛮秀岭之垒周尖高山，从此尖高山遵岭东北至瑞丽江。此段地，英国认为中国之地，惟是地乃中国永租于英国管辖，其地之权，咸归英国，中国不用过问，其每年租价若干，嗣后再议。

第三条

自南碗（宛）河瑞丽江相会处，线顺今之新威部落北界，至萨尔温江（即潞江）将瑞丽江合流之处，及万定、孟戈、孟夏等处，将及全地，划归中国。

自瑞丽江于南算相近转北之处（即瑞丽江与南阳江相会处），线顺南阳江上行，至该江源头孟哥山，约在北纬二十四度七分，东经九十八度十五分，自此顺丛树山岭，至潞江，与南迈江相会处，由此顺潞江上行，直到科干西北界，顺接科干东界，直抵工隆界上，将工隆全地划归英国。由此循英国所属之锁麦，与中国所属之孟定分界处之江而行，仍随此两地土人所熟识之界线至界线离此江登山处以萨尔温及湄江（即澜沧江）之支江水分流处为界线，约自格林尼址东经九十九度，北京西经十七度三十分，北纬二十三度二十分，约至格林尼址东经九十九度四十分，北京西经十六度五十分，北纬二十三度，将耿马、猛董、猛角归中国。在格林尼址东经九十九度四十分，北京西经十六度五十分，北纬二十三度处边界线，即上一高山岭，此山名公明山，循山岭向南而行，约至格林尼址，东经九十九度三十分，北京西经十七度，北纬二十二度三十分，以镇边厅地方归中国。然后其线由山之西斜坡而下，至南卡江，即顺南卡江而行，约过纬度十分之路，以孟连归中国，孟仑归英国。然后循孟连与康东之界线，此界线亦皆土人所熟悉。由南卡江分开，至此北纬二十二度稍北处，即离开南卡江，向东略南，循山脊而行，至南垒江，约在北纬二十一度四十五分，格林尼址东经一百度，北京西经十六度三十分，由此循康东及江洪之界线，此界线大半系顺南垒江而行，惟除属江洪一小带之地，系在南垒江之西，北纬二十一度四十五分稍南界线，行至江场边界后，约在北纬二十一度二十七分，格林尼址东经一百度十二分，北京西经十六度十八分，即循江场与江洪之界线，而至湄江。

第四条

与原约无所增改。

第五条

今彼此言明，日后中国未经先与英国议定，不能将现在仍归中国，在湄江左岸之江洪土地，以及孟连，与所有在湄江右岸之江洪土地，或全地，或片土让与他国。

第六条

今彼此议定，将原约第六条，拟改于左，现在所定边界各线，应由两国所派勘界官，比较划定，以免地方官民争论。如查得，无论何处，有未甚妥协者，应行更正。两国勘界官应于此附款画押后十二个月之内，在两国届时所定之地相会，勘界官自首次相会之日起，应限定不出三年之外，将两国界线一律勘定。如确守附款所定界线，必有骑线之乡村部落地段，勘界官员可量为迁改互易，倘勘界官有不能商妥之处，应速将未妥情形，各报明本国国家核办。

第七条

与原约无所增改。

第八条

与原约无所增改。

第九条

凡货由缅甸入中国或由中国赴缅甸,过边界之处,按照原约,准其由蛮允、盏西两路行走,兹彼此言定。如将来两国勘界官员查明另辟他路,与贸迁有益,所有查明之路皆准照原约所载,一律开通行走。

第十条

与原约无所增改。

第十一条

与原约无所增改。

第十二条(原约后加增)

英国欲令两国边界商务兴旺,并使云南及约内中国新得各地之矿务,一律兴旺,答允中国运货及运矿产之船只,由中国来,或往中国去,任意在厄勒瓦谛江(即大金沙江)行走。英国待中国之船,如税钞及一切事例,均与待英国船一律。中国答允将来审量在云南修建铁路,与贸易有无裨益?如果修建,即允与缅甸铁路相接。

第十三条

按照原约,中国可派领事官一员,驻劄缅甸仰光,英国可派领事官一员,驻劄蛮允。中国领事官在缅甸,英国领事官在中国,彼此各享权利,应与相待最优之国领事官所享权利相同。如将来中缅商务兴旺，两国须添设领事官，应由两国互相商准派设，其领事官驻劄滇缅之地，须视贸易为定，今言明准将驻劄蛮允之领事官改驻，或腾越，或顺宁府，一任英国之便，择定一处，并准在思茅设立英国领事官，驻劄所有英国人民，及英国所保护之人民，准在以上各处居住、贸易，与在中国通商各口无异。英国领事官在以上各处驻劄，与中国官员会晤、文移及往来酬应，亦与通商各口领事官无异。

第十四条

原约内载，华民欲赴缅甸，可向华官请英国驻劄蛮允之领事官，给发护照，云云。今既言明，将驻劄蛮允之领事官改驻，或腾越，或顺宁，自应将此条内驻劄蛮允之领事官字样改为驻劄或腾越或顺宁领事官。

第十五条

与原约无所增改。

第十六条

与原约无所增改。

第十七条

与原约无所增改。

第十八条

与原约无所增改。

第十九条（原约后加增）

通商章程，如未能议妥如何修改，则仍应遵守原约所载之章。

专条。

光绪二十一年十二月初六日经总理衙门照会，大英署理钦差大臣，以光绪二十一年十一月十五日，本衙门具奏西江口岸通商一折，奉旨知道了，钦此，相应恭录谕旨，照会查照等因，今彼此言明，将广西梧州府、广东三水县城江根墟，开为通商口岸，作为领事官驻劄处所。轮船由香港至三水、梧州，由广州至三水、梧州，往来由海关各酌定一路，先期示知，并将江门甘竹滩、肇庆府及德庆州城外四处，同日开为停泊上下客商货物之口，按照长江停泊口岸章程，一律办理。

现在议定以上所定中缅约附款及专条各节，应于画押后四个月之内，开办施行其批准文据，应在中国京城，速行互换为此两国大臣，将此附款专条画押盖印，以昭信守。此附款专条，在中国京城缮立汉文三分（份），英文三分（份），共六分（份）。

光绪二十三年正月　　　　　　日
西历一千八百九十七年二月　　日

缅甸条约书后

英人 阙名

中国与英国改订缅甸约章，西历本月五日已在北京互换总理衙门特张盛筵，以庆告成。缘一千八百九十五年六月二十日，中法所订之约。中国以江红（洪）之极东边地，南武之上之孟阿全境，及南孟阿、北孟阿二村落，让归法国。此一款有违一千八百九十四年三月朔日，中英所立之约，故英政府请于中国更修缅甸约章，另索数地，以偿东隅之失。目下所请诸事，悉经中国议允，所有紧要各条款摘录于下，以供众览：

一、中国允改边界自互相议定之处，展至太平。

二、英国允将南碗（宛）以南之地，西至南墨河之支河，及毛修山至莱州岭，又折向东北至喜里回河，为中国属地，惟此全境之内，一切政事，胥由英政府治理，中国概不与闻，此地由英国永远承租，应纳租费，此后再议。

三、中国以科干之山地，归与英国，其地方四百英里，不小于孟阿其库弄全境，亦归英国。

四、中国允自今以往，凡孟亨或江红（洪）之地，倘不与英国预先申明立约,断不以之擅给他国。

六、中英二国,当各派人员勘定边界。

九、旧约凡载运货物,往来于缅甸、中国者,但准于孟养及山西二处经过,现在所有缅甸、中国边界各路之便于商务者,皆可准其往来。

十二、中国允考察云南商务情形,可否兴办铁路,倘可兴办,当筑一路与缅甸铁路连接。

十三、旧约中国可在漾贡设一领事,英国可在孟养设一领事。现在中国之思茅、摸儿面或顺宁府,皆可设立领事,英人或英国保护之人,可在此等地方贸易,悉照通商口岸办理。

其余各款,均照一千八百九十四年三月所订之旧约,另有一款,中国允于签字后四个月内,将西江开埠通商。

以上中英所订缅甸新约,披读一过,颇惬于怀,虽大旨似偏薄于中国,然一千八百九十四年所立之约,内有关系紧要一款,中国尚率意违之,恬不为怪,故凡有益于中国者,我亦得废之。盖彼此立约,本当均享其利,倘利我者彼夺之,则所利于彼者,我何能使之独享?此坦然持平之道,非我之过,不待智者辩也。平时我英国常虑中国之翻译,今与订立新约,特以言铦之,得其一诺,则出之于口,见之行事,昭然入于众人之耳目,如纶如綍,纵后有翻译之意,似不能一再食言目下中国所订各款。虽似为我所挟,不得已而为之,而为英国计,犹所得不偿所失,盖前此之一误，为害实匪浅鲜耳。幸我所索各地已如愿以偿，盖中国允将科干之山地，割让与我，此地不小于一千八百九十四年误割与法人之地，并允将南碗（宛）之南一带俾我永远租赁，中国不于此设官治理壹是，皆由英官主政，我英亦愿认此地仍属之中国。此事办理，可为极妥。所可訾者，初英外部大臣创议之时，仅欲向中国暂时租赁，而不为长久之计，其失孰甚，约中所论商务诸事亦极郑重，深望旦暮之间，便见诸施行，则云南、四川二省不久可与欧洲互市。以目前情形而论，日后英国商贾之贸易于滇蜀者，必以缅甸为孔道，订约之时，建造铁路一款，中国以尚须斟酌对。夫云南建造铁路，利害轻重，本当请中国熟计而行，第恐其瞻顾徘徊，未必能毅然立决。盖中国素善延宕，倘所议之事，非其所喜，将有一息数百年，而杳杳无期者，非速向其执政诸臣力迫之不可，至在中国、缅甸之间，多辟商贾往来之路，实大有造于英国。此为一千八百九十四年之约所无，而今约所得之利益也。旧约未订之前，商贩于中缅边界者，尚有数处可以往来，及至旧约订定，往来之路只有孟养、山西二处，今之所约，不论何处，皆可任我往来，四通六辟，惠我实多。惟约内华文辞意，似可假借互用，其为掉弄笔墨，留他日毁约地耶，我不敢知也。顺宁府、思茅及摸儿面设立领事，为国家计，亦为商旅之计，此种边僻之地，一经我英人及我保护之人在此经营，如各通商口岸，其商务之可兴与否，必能潜心考察，竭力讲求而得其究竟也。以上为中英所订缅甸新约，然此次订约犹不止为缅界之事，我英驻华大臣克劳特墨、克唐纳尔，因中国违背一千八百八十四年之约，改定新约，遂将西江通商一事同时议定，见机而动，乘间而入，诚可谓使于四方，不辱君命者矣。

按伦敦报章，大事皆登此章，但所言仅修改缅甸边界之一端，而绝不及我今日所得之利益，为西江开埠，中国边界各处，许我设立领事，及准商贾居住贸易等事，殊为疏漏也。

们乞斯他（英地名）之《拿挨第恩报》，言法国驻华公使狭拉，因中英订此新约，将不利于彼国，使其三载之经营谋划，一旦云消雾散，尽付东流，故深滋不悦，殚心竭虑，百计阻挠，以冀我事败垂成。然我恐法人于此，亦晓晓徒劳耳，十年以来，中国南方及西南方商务之利，本为法人所垄断，今我得于西江开埠，实胜于江河运道，既便运费复轻，法人自不能已于言矣。此次新约各款，中国实格外从优，更有意在言外，而非外人所能窥测者，我英其有为中国出力之处，故以此相报乎，是未可知，日久当能自见也。

又法国《带罢报》，于此事亦著有一论，其言颇直，谓我英国沾沾焉谋修旧约，意在一变中国南方之商务，将不利于法国，又谓虽如此，英国实为振兴商务之计，至于国家之事，绝无猜疑嫌隙于其中。法报此言，蒙以为独具双眼，极有见到之处，其篇末又有数语，谓法国在华商务，有可以振兴之道，兹特照录如左：

我法国在中国西南通商，私冀该处商务之利惟我独擅，迺英国忽贸然而来，与我争利，于是，英法两国隐然在中国相竞胜。然我利之所在，终不至为其所攘，盖经此一争，足使我奋然兴起，与之力角，不复如畴昔之梦梦也。忆二年前，我法国里昂商务会，曾派人前往中国，考察法国商务如何可以振兴，有比拉者，近在法国舆地会，宣言于众，极称该商务会派人之有益，惟须法国国家与商务会一气呵成，而后于法国商务方有实惠。现在中国西南商务，局面一变，深望法国有鉴于此，将里昂商务所考情形，熟筹而深计之，必使法国商务，有蒸蒸日上之势焉可也。

人既喜出望外，则我之损失不言可知。

毅识

滇缅界事述略

云南杂志

滇之西南各边,诸夷杂处,纵横五七千里,俱隶我疆圉,而为我之屏蔽。如八百、老挝及缅甸本部,自昔皆受玺,臣服、供差、贡赋者也。然历代控制之方略,惟使羁縻勿绝,不至背叛斯已耳。明末以来时有扰乱,或争相雄长,或侵犯边陲。乾隆间,再加征服,贡赋如常。光绪初年,中原多事,英人乘间与缅交通,通商、传教,致生种种祸乱,波及中国,然欲论缅之存亡于中国前途有如何影响,当先论缅与中国有无何种之关系。

夫缅与中国交通已历有年所,元时遣兵三征,明初设宣慰司,自后交通往来,我民族迁移者,陆续不绝。今关外地,所在皆汉夷杂处,本邦、蛮莫多有朱、李、刘、王家姓,西上茶山一带,汉人多沿山构处,营商为业,此其征也。孟连有宫里雁贵族,沙洲有敏贵族,皆系汉人。又茂隆厂徒数十万人,时称吴尚贤工党,按吴系石屏州人,时同随有黄耀祖等数百人,此其征也。漾共为水陆要冲,水路通闽广,陆路通腾永,商务繁盛。百年前，即号有汉人街，阿瓦亦然，此又其征也。由此观之，则缅甸非惟我之属地，乃我之殖民地也。缅既属我之殖民地，则缅之存亡不容以秦越人相视亦明矣。乃当时政府于此重点概漠视之，若无若有，方英人之窥伺缅也。不早为之所，既英人之加祸缅也，又不为之排解，至缅王底母屡求救援，而我不之应，数百年来藩属于我之缅甸，遂亡于英。

窃查英缅交哄之理由，系因商约中有不得采伐麻栗树之条，而英人竟擅滥伐，缅王诘责以违约，驻劄万朵丽之英领事不容纳，反提出不规则之抗议，缅王坚执初议，彼此遂龃龉不已。英政府即布宣战书，促印度总督就近进兵，首破万朵丽城，掳缅王而归（当时英议院长斯密士曾誓议曰：我英之动兵于缅甸，在废其暴君吊其良民可耳。今反而吞其土地，绝其宗祀，俾至灭亡，诚悖公义，有污辱我英国之名誉云）。可见，当时英人于缅甸，初无占领之目的，惟稍加以示威耳，倘使我政府及是时出为排解，未始无转圜之机。乃计不出此至事起仓皇，云南疆吏始遣都司袁善驻防腾越，为腾越镇朱鸿章擅杀之，乃再遣丁槐，于我边属之木邦、孟艮一带（亦未曾划清界线），遣兵驻守，因循观望，致贻祸胎，于是缅亡。而我边疆宣慰宣抚数地数千余里，亦次第蚕食于英，卫藏、缅、川其从，此多事矣。

嗟乎，夏阳既失，可料虞亡，皮岛难完，终非明福，此知机之士，所为观感而警惧者也。奈政府不知觉，我滇人亦憎然茫然，醉生梦死，坐看此大好江山送与人，而亦不之恤。噫！异矣吾诚不暇哀缅，引以自哀，自哀不已，欲述从来滇缅勘界失败之历史，为我滇人警告。时若刀割吾肉，痛不能言，然有似胁我窘我，吾姑强饮痛，以次论述及之。

英人占据缅甸时，光绪十二年，进窥我无防御，同时又侵据我边属野人山外地二千余里，至孟艮及猛卯诸土司警告叠闻，政府始有照会英国划清界线之议。光绪十三年，总理衙门与英公使欧格纳议约五条，分明滇缅界线时，总理衙门所会（绘）界图，竟误缅京阿瓦之位置，一时讥议沸腾，几遍全国。后经曾纪泽等与英再三力争，稽廷年月，英人始允退让潞江下流地七八百里，究之野人山之要区，虎踞关之重地及孟艮诸土司等边界竟尽归并于英，此为第一次勘界之失败。

光绪二十年，英人因苦蛮秀岭山脉险阻，不便进行，尝欲攫而有之，无所借口。时年八月，英政府授意驻北京公使，向总理衙门要求租瓦兰岭、蛮秀岭间地开作商埠，总理衙门不晓其用意，以其开作商埠，必无他志，遂允照所请。同时，英公使协商总理衙门，以既允请租开商埠，则凡租界内外，必须重勘，以免将来纠葛等语。于是重勘界线展界至太平江、南奔江相会处，分界兼割让腾越边界隙地数处，此为第二次勘界之失败。

光绪二十五年又重勘，委员刘万胜、彭友兰、杨发荣、陈立达等，与英委员巴维里会同勘界。我委员始则谬以尖高山（一名姊妹山）脉为界，而滇滩关外地四百余里，即划归英人。又须太平江（一名海巴江）西岸，溯洗帕河至喷干慕西一带，失去我腾越厅昔所属本邦宣慰司，孟密宣慰司，孟养宣慰司，南坎、遮兰、猛谷三副宣慰司全土，共方数千余里，而所谓汉龙、虎踞、天马三关，亦终沦于英矣。又自洗帕河溯太平江至古里戛一带，失去昔之精伦等司地，铁壁一关，亦沦于英，又自盆干退至猛卡等练山，又失去三百余里，惟余留义出之一角小山，系当日腾越分防都司署旧址。又自暮西退至南宛河之线，划去陇川、猛卯两司地四百余里，又自洗帕河溯红蚌河而下，又划去昔所属之里麻宣慰司及猛弄、猛老两司全土，约共一千四五百里，统而计之，所失界线周围不下三四千里。界定后未三月，我滇滩关外之土把总左孝臣，不服割归英人，召集土民起与英人反抗，死事者一百三十七人，左孝臣亦战死，省垣闻警，却电饬腾越镇游击芮际文到界查勘，嘱其善慰左之部民，勿与英人为难，如愿搬移入隘内地者，则速迁之，否亦听。英兵以土民鸟兽散，遂引去，事竟中止，疆吏亦含糊不上闻。近年，天马关、汉龙关一带居民，亦时起与英人为敌，皆随起随蹶，惨哉滇土，惨哉滇民，此为第三次勘界之失败。

　　昨年，英人又欲溯尖高山而上，以高良公山脉为界线，闻我勘界委员石鸿韶已请于总督许之，想未必然也。按高良公山即高丽贡山，其山系位潞江之西，龙川江之东，为大理府属之云龙，永昌府属之保山、龙陵、腾越等厅州县所治之地，横亘二千余里，今日再据英人所要求之界线许之，则所失仅六户土司所辖之地，来日英人袭此高丽贡山脉为界之说，则将龙陵、腾越两厅全土划入英界亦无不可也。

抑所谓重勘云者，乃前经划圈限，或石碑移没，或河涨改道，重照会而修正之，非割让之谓，既非割让，则彼此会同履界，执公订条约，正式图形某山某水指认而修正之，始合重勘之名义，乃滇缅间之屡次勘界往往借名取实，今日曰重勘，蹙地百地，明日曰重勘，蹙地千里，综以上失败之历史，洵有陆沈（沉）不必由洪水之象矣。

虽然割地亦有说或因战败请和，或因敌兵侵占，割地诚不得已也。计数十年来，我国未尝与英交一兵，英亦未曾加我国一矢，而割地累累，靡有底止失误耶，让与耶交换耶？其理由不可得而知。今吾人试为政府想，谅毋亦以缅属地瘠民蛮，其地不可耕而食，其民不可教而育，与其羁縻而不我化，无宁与英以饱其欲，反可望安宁乎？然由地质言之，缅属地当温带，物产之丰饶久为世界所共认，又自人民论之，久通中国居处习俗，已多同化之点。且汉人所在，与之杂处，实为我之殖民地，虽然此犹曰外藩，而自昔曾属腾越之边地，乌容轻，易弃遣，乃竟不事兵争，不得交换，自行割弃数千里，门户洞开，引狼入室，浸假而窥我堂奥矣。

（法人古德尔孟之言曰：吾法人得领越南时，英人亦于一千八百八十六年占据缅甸，以为我之抵力，今且侵及西藏，不转瞬间，亦将注目于云南矣。）信乎今正英人注目云南之时矣，缅甸经营已熟，卫藏协约已成，满志踌躇，视我云南为口吻物，观今年春要筑缅腾铁路一事，野心之勃发，已可概见我云南人犹有自慰为未必然者乎？请进观彼近于腾越边界一带经营，步步为营，着着逼近，大有注全力以趋进云南之势，如前我割让与彼之属土，年来竭力部署，里麻地设密止那知府一员，猛老、猛弄司地各设分县一员，尖高山地设尖高山界知事一员，猛密司地设猛密知府一员，猛谷司地设猛谷分县一员，精伦司地设精伦厅一员，孟养司地设孟养知府一员，木遮地设木遮分县一员，俱隶属于仰光总督治下，同时又大修兵房，扩张军备，积重于边属以示威，凡此皆昔所无，而今所增有者，彼盖见夫法人经营迤南一带已收效果，故为平均势力起见，固不足怪。独恨我昏昏梦梦之云南人作砧上肉，人将分割我而不知，人将烹食我而不惧，如山崖之石，驱之不动，如临刑之囚，威之不恐，愚哉！云南人哀哉！云南人，吾述此篇，吾股为之慄，脑为之震，不知我云南人读此有动于心焉否？

参观前滇缅划界图——线知光绪十二年，英人侵占我滇边地，共计失去二千余里，吾于本报第壹期已详述之。惟前述其丧失之地域，未及其丧失之因果，兹再申论之，以置诸爱国仁人志士，同为攻错之资，是予之微意也。

英以强盗手段,攻灭缅甸。其国之稍有人道观念者,皆能自言之,无待吾人为之暴露。惟其以强盗之余焰,乘机侵略我滇边,其贪,很无厌,有不可究诘者。是年冬月,英廷听驻印度武员之阴谋窥我滇边无防备,故与野人为难,侵占我神护关外之昔董、铁壁关外之汉董一带地,同时又进攻我野人山之萨洞纳,声势汹汹,行将大举图进。滇督王文韶警告叠至,而总理衙门诸王大臣,惶恐失措,徐以一纸空文照会英外部,俾暂且退兵,并申议划清滇缅界务,经曾纪泽星使与英外部争执再三,英始允暂止进兵,并议有节略三端:

甲、允中国展拓边界至南掌、掸人诸土司地;

乙、允大金沙江为中英公共之江;

丙、允在八募(亦云新街)附近地,为中国设商埠。

以上三端,经曾纪泽与英外部互书节略存案,要不可视为具文也。甫经曾纪泽交卸回国,未即互约。驻印武员多方煽动印度政府,致与英外部极力反对,而事情已大变幻,而昔董诸地之驻兵,究未撤退,而续遣武员窥伺我滇边,联络不绝。总理衙门无一闻见,至英使欧格纳之使华,已得印度政府之同意,待乘机翻案。总理衙门未知其用意,虚与委蛇,及与议互约。英使多方推委(诿),以界务尚待查勘,未便定议,只与草率规定五条,未及界务专约。查其第一条,是争缅甸十年呈贡方物之例，此真可谓无聊之极矣。以缅甸曾沦亡于英，而我不之顾，迄今孜孜与争呈贡旧例，盖将以告朔饩羊，虚存礼意耶，何梦梦乃尔。故尔时之界务，未续为规定，是总理衙门之大失时机，中英使之牢笼而遗误我滇疆者也。不尝闻英使之日宣言尚待查勘，自应酌宜归回中国之言乎！而究其所查勘者，即日探查我险要，采访我矿产，惟思日著进步昔之侵占我地方，亦久假不归，其欲甚奢，其谋甚狡，其行动甚诡密，而我不知防御，安在其不失败耶？夫外交之道，贵尚机敏，若稍迟钝，玩忽，则事机万变，诈巧丛生，难以转圜，查前曾纪泽致总理衙（门）电称：英人现得缅甸全境，喜出望外，故许我节略三端，宜速与互约，以杜狡变。后阅北洋大臣李鸿章奏议：查前曾纪泽与英外部互书节略，允我展宽滇界，惟总理衙门与英立约，只以徐俟两国派员勘定一言括之，迄今已有年月迩（弥）闻。英兵常扰滇边，以肆侵略，应申前议，以清界务。从可知，总理衙（门）之迟钝玩忽弁髦边疆也。如此，计曾纪泽电总理衙门，与李鸿章之奏已隔五年，而此五年中，何所事事？一界务之未清理，久任英兵占我边疆，岂真老成谋国者乎？竟至光绪十八年，始授意驻英使薛福成与英重申前议。英外部劳俚伯里覆答云：英廷究未能查得野人（山）曾经中国治理之实据，故前议难允许；且野人山若划归中国，则土番时来攻英地，中国兵力不能弹压，不如归英管辖妥便。此言之不成理，横暴牵强，妇孺能辨。夫缅甸全部之曾属中国，固无论矣，野人山系中国现属诸土司之地，确有可征，即《明史》所称南牙山者，本在我滇界内，即访之边民口碑，多有能道其详者，安得谓为无实据耶？惟薛福成亦原此意义与英外部力争，且更进一著，坚持前以大金沙江为界之说，可谓得占上游，以滇缅间划界之关要，所争必在大金沙江及野人山为重点，大金沙江形如天堑，为滇缅天然划界，若大金沙江不争，则野人山广阔无垠，势难控守。且以江为界之说，系英外部侍郎克蕾氏称奉英廷旨意，且经曾纪泽互书节略存卷在案，是可认为效用，我何患无辞而争之，彼亦何得强辞反覆？乃劳俚伯里吱唔其言，不以江界为正题，而以野人山为争执，时而又欲改移北京会议，故延时日。幸薛福成一面告总理衙门坚拒，一面仍与英外部力争，旷日弥久，议稍就范，争回孟艮上司科干地计七百五十英方里，猛卯土司地及汉龙关共计八百英方里，穆雷江北之昔马地，南起坪陇峰，北抵萨伯坪峰，西逾南嶂至新陌，计三百英方里。又自穆雷江以南，既阳江以东，计八十英方里，及车里、孟连土司地，其余野人山纵横千余里地，悉折入于英，而以江为界之说，已无效用。重划界为++++（原书如此，不知此符号代表什么——编注）线，视初为英侵占之线，固有所挽回。若按我故地之线，究之失去千余里，孰得孰失，阅者可按图而知之。乃当时之舆论，尚有为政府藉慰者，谓经英占据之地，尚得以口舌争回过半，诚为我国外交罕得之胜利。吾人则谓我国之外交，止有丧失而无获得，争于此者，或让之于彼，得于先者，或失之于后。甚至举我固有者，而亦削之剥之，似不甚惜一字之隐义，一条之伏患，动辄丧失我数千百万方里，又从而拘束我国民之自主权，俾跼蹐不得争抗，天下痛恨事，莫有甚于此者。戊戌（戌）结约，与各国以某地某省不割让之发誓，我滇亦随以入法国之势力范围，爱国士夫多非议之，谓此约实开国际条例之创举，孰知其先此而有者，实以我滇为开创，即以此次滇缅划界结约二十条，其中伏患之点揭晓如下：

第五条　现中国不再索问永昌、腾越边界外之隙地，英国大皇帝于北丹尼地（即木邦地）及科干，照以上所划边界，让于中国之外，又允将从前属中国兼属缅甸之孟连、江洪所有缅甸上邦之权，均归中国大皇帝永远管理。英国大皇帝于该地所有权利，一切退让，惟订明一事，若未经英大皇帝预先议定，中国必不将孟连与江洪之全地或片土让与别国。

此条之性质，实与戊戌（戌）结约相同，显伏将来争地之诱因，诚以前约者，后约之伏线，不慎于前，必贻患于终。列强常以其虞诈之惯用名词以欺我。此条其显著者，夫孟连诸地既属我国固有，已为英国所承认，则割让与否，全属我之主权，英国何得过问？亦何待英国之代为预先议定？且"让"之字义，是我固有而自愿与人之谓，英以盗贼的侵略我土地，我据理与争索之，彼应曰"归回我"，不应曰"让与我"，此等名义不加规正,遂至主客易位,自受人以口实,致酿将来种种之恶因。

甲午战后,我政府割让台湾、澎湖诸岛及辽东半岛与日本,俄、德、法出面干涉,强日本附还辽东,嗣又要我以酬偿之言,而旅大,而胶州,而广州租之借随之,以俄、德、法居间有功,其言酬偿固也。英则消(逍)遥事外。至此,亦见列强获得胜利,野心勃勃,借口中国赠地与人,未守约章,遂强索要挟,以固其平均势力之地步,缪辀不已,威吓并至,中国不得已许其租借威海(九龙租借实因广西交涉法得北海铁道,英始要索租借九龙以示抵制),并展界滇疆,重翻前滇缅结约,续议十三条,今择其要点如下:

第一条 中国允以科干山地四百里及孟阿库弄全境归英国,并展界至海巴江。

第二条 英国允将南碗(宛)以南至南美河之支河,及毛修至莱州岭,又折向东北至喜回里河,认为中国属土,惟此全境之内,一切政事由英治理,中国概不与闻。

此约之丧失,为索还辽东半岛之牵累,固不待言,惟此第三条之文义,诚令人不可索解。夫既已认为中国属土,则其政事应归中国治理固也,或寄附中国主权保护之下,但使羁縻勿绝,任其自治,亦一因地制宜之道,何以中国属土,一切政事由英治理,中国概不与闻,咄咄奇闻,咄咄怪事。

虽然吾滇边之广阔,纵横三千余里,曾是割之不尽、让之不竭，此亦吾滇民不幸之幸也。富室之家，广遗田宅于其子孙，不幸，其子孙不肖，非输偿于此，则奉赠于彼，毕竟不至身家冻馁，以其根本固也。吾滇民亦复如是，我祖宗筚路蓝缕，斩除荆棘，以开辟此万宝备具、四面无垠之疆域，以遗我子孙，而我子孙不知护爱，不加保守，一任他人剥之削之窃之攘之，无过问者，以其尚有余地立足故也，惟政府亦曾代虑我有余地立足也，一割再割，无稍顾惜，而庚子一役，以二三之亲贵元老野蛮排外以召祸，事后赔偿，搜罗一空，则又借债英国，以滇土作抵偿，至光绪二十五年之滇缅勘界割地，直以我堂阶为断线，所共丧失地域，已详见本报第壹期，兹不赘述。虽然吾滇民固富室家也，毕竟有余地立足，政府则再三代虑之，继之以七府矿务公司之许与，加以滇越铁路之抛弃，及云南不割让之誓约，冀得一新主人翁以代理之。我滇民今日岂惟是剥肤之痛，适已成腹心之忧，残喘苟延，僵然濒死矣。吾人推原祸始，谓非政府之盗卖我、剥削我而谁耶？呜乎！我民处于专制政体之下，无参与政务筹议外交之特权，而受祸之酷有如此者！回首乡关，举目天际，空望此大好江山，顿送斜晖，殊堪痛惜！吁嗟乎，一寸山河一寸伤心地，我滇民其将何以为情？我滇民其速有以自处！

滇缅疆界谈判

云南杂志

日本法学士多贺太郎有云：现今以武力取人土地，国际上多惹干涉，若取之于无形，则他国安得而干涉之？日英同盟，虽为保全中国土地，然不过防止用武力以取中国土地者，若和平的取法，则防不到矣。夫多贺氏之言，为不动产银行而发，故其言曰：各国人在中国开设银行，用此法以取中国土地者，无日无之，而中国之政府、人民殆犹不知。呜呼！岂特以贷金丧失地权之不知，且以一纸空文失地数千里于无形者，亦已屡见不一见，习焉若忘，恬不为怪，今又将再见之矣。昨阅日本十二月二十七日（中历十一月十二日）《万朝报》所载：住北京英国公使觉尔丹氏，以缅甸云南之疆界问题，前公使萨妥氏急归国而未决，再以欲与清廷进行谈判之旨，受训令于本国外务大臣，通牒外部，外部同意于十二月中开设谈判。唐绍仪及其他大臣任命为谈判委员。予阅毕，不禁脑为之震，股为之慄，心为之惊，魄为之悸，宵深不能寐，方寐即不觉大声而急呼曰：我云南人其共注目滇缅疆界之谈判。夫英国者，非所谓倡保全中国土地者耶，而屡次藉（借）口滇缅界务，无形中夺取我云南领土者已逾数千万里。曾见本杂志第一号志复之《滇缅界事述略》中，乃急不转瞬，又有缅甸、云南之疆界谈判矣！呜呼！无形的取法，无论他国防不到而倡保全中国土地者，实以保全之说愚我政府、愚我人民，取之以无形，使我亦不及防，他国更安得干涉之？噫！倡侵略者，虎狼也，虎狼之凶猛，人尚知而防备之；倡保全者，鬼狐也，鬼狐之阴柔，人将至死而不悟也。夫国际间，疆界之谈判，或因战争媾和之割让，或因两国边地之纷争，或因两国同意之互换，或因山崩河徙之变迁，否则，或因前此勘界委员之错误而丧失地权之政府，或议会反对之，不认可错误之界约。由此言之，则滇缅疆界问题，宜我政府、我人民之要求，英国再开谈判，必返我侵地而后止。而孰知天下事竟有大谬不然者，则以此次之滇缅疆界谈判，实由英人主动！呜呼！尚何言哉，尚何言哉！英人盖欲实行去年之议，溯尖高山而上，以高良公山脉为界。而我云南迤西之腾越、云龙、陵龙（龙陵）、迤南之镇边一带地图，恐不久又将变色矣。顾此次之任谈判委员者，为我国近年外交界差强人意之唐绍仪，则必不至。如光绪十三年，总理衙门与英使欧格议约所绘界图，竟误缅京阿瓦之位置，几致失云南之半。然唐虽有学识、有经验，而足未履其他（地），且我国勘界地图无一精确明细者。苟稍为外人所愚弄，为旧图所迷惑，则虽有折冲樽俎之才，亦终不免于失败。况今日之政府，时挟一宁取好于友邦，必不使家奴得志之政策。虽举中国全土送之外人亦所不惜，而况边僻贫瘠之一云南瓯脱地乎。谓予不信，请观一千八百九十七年六月（光绪二十三年）清、英交换条约，其关于滇缅疆界者如左：

英国约承认南宛河南方之地为清国领（土），而英国由清国得永代借地权，管辖左之地方：

清国让与可康之地，约四百里于英国；

缅甸、清国间之商路，于旧约所特定莽温及萨西之外，认为有增进贸易之利者，总得许可。

夫我之土地，我领有之，何须彼之承认，乃承认为我领土矣！而同时即攫取之，反美其名曰"借"！呜呼！我云南之父老子弟亦知永代借地权之定义耶？夫永代者，无期限也。永代借地，久假而不归者也。土地之租借，惟私人与私人可，若此国与彼国，则国际法初无此例，至永代借地权，日本国法，且不许外国人民有，而况于外国国家乎？盖国际间之租借与割让、占领，名异而实同。而永代借地权，即永久之占领、割让也。政府租借胶州、威海、旅大、广九于德、俄、英、法，开世界租借土地之先声，而此约之第一条则开世界永远租借之创例！夫第一条曰，得永代"借"地权，第二条曰"让予"，一"借"一"让"，无形中已丧失云南土地数千里矣。然尚有界限，而第三条则更漫无限制，虽文字之表面似为增进贸易而言，然观光绪二十年八月，英国租瓦兰岭、蛮秀岭间地开作商埠，后勘界线，竟展界至太平江、南奔江相会处分界，并割腾越边界地无算，则以彼认为有增进贸易之利者，我总得许可，即彼认为有增进贸易之利者，我总得割让也。将来云南全省，并中国全土，何处不可认为有增进贸易之利乎？今次之谈判，虽必不至结如此奇谬之约，然前约者，后约之伏兵也，导线也。况处廿世纪有强权无公理之世界乎，夫亡羊补牢，已嫌其迟，前车之覆，后车之鉴。嗟我诸父老、邦人诸友，其勿如前此之放弃权利，委谢责任。一惟任政府割我之土地，卖我为奴隶，竟甘心忍受，坐以待斃，其各尽所知所能指陈一切，为谈判委员之先导，豫（预）备一切为谈判委员之后援，同谋合力，先发制人，使彼狡焉思启者，不复得如前此之，不折一兵，不遗一矢，且不名一钱，以和平的取法，取我数千里之土地于无形，则善矣。

上外务部辩正滇缅界线书

留日滇学生 **杨友棠**

窃以外交要务，非书生敢窥隐微，然勘界事宜，以乡导多得详细，某生长于滇，想像幼时游牧，乡老杖指，山川之形势仿佛犹在目前，今闻中英重勘界线，英公使误会，要索无端，不敢不为我王大臣辩正之。夫所谓重勘界线者，乃前经划圈限，或石碑移没，或河涨改道，重照会而修正之，非割让之谓也。既非割让，则前曾派员蒋继曾会同英员李勃履界，是可执公订条约，正式图形，某山某水指认而修正之，无庸迁移延搁。迁移则事近揣摩描划，恐有失误，如前总理衙门与英绘划滇缅界图，误缅京阿瓦之位置是也；延搁则恐事过境迁，英生异心，如前法公使已允许撤龙州戍兵，移时又食前议，借端要索铁路是也，乃今竟迁移至京议，延搁至累月，其中不无隐情，碍难了结。据近新闻可靠消息，谓英公使，时以高良公山之分水岭分界，时以澜沧上源高丽贡山之分水岭分界，辩论纷纭，莫衷一是。然以某细按形势，殊不知二者皆非也，按高良公山，即志乘之高丽贡山，又谓点丽贡山，乃土音之讹传。山系位潞江之西，龙川江之东，蜿蜒二千余里，支派层出不一，分水岭特旁系之一直峰耳，并未毗连缅界，峰腰悬崖壁焉，土人谓曰磨盘石。当日，明将李定国败兵于此，遗迹可考，岭西属腾越，岭南属龙陵，居民沿山构处，夷汉相杂。南行即南甸司地也，渐经干崖南町之葫芦口下十里许，有一横水沟，过沟然后达古里夏，前属六慰三宣地。光绪二十五年，总兵官刘万胜与英人议定以此分界，距分水岭百余里，如谓以高良公山之分水岭分界，是何异将腾越、龙陵两厅亦划入英界？此其误认者一。又英公使谓以澜沧江上源高丽贡山之分水岭分界，尤觉荒谬，远阔按高贡山之分水岭，是系位潞江、龙川江之中央，澜沧江上源无高丽贡山，并无高丽贡山之分水岭。高丽贡山与澜沧江流域距三四百里，高丽贡山与澜沧江上源直距二三千里，溯澜沧江吐蕃喀木地，经丽江府之兰州，循大理府之苍山与洱水会合，土人曰合江，志乘曰黑惠江。折而西，顺流而东，历蒙化、景东入车里，如谓以澜沧江上源分界，是何异将丽江府之维西、中甸、大理府之云龙，并永昌府、顺宁府、蒙化厅亦尽划入英界？此其误认者二。今可用为正当之证据者，惟有腾越厅旧志，此书纪（记）载滇缅界务特详。乾隆中年，又经屠述廉重校刊，屠系从傅恒军征定缅甸，故于一切界务，尤为厘订详明。又咸同年间所出之腾越厅新志与《永昌府志》及姚文栋所著之《初勘滇缅界记》（《云南初勘滇缅界记》亦可资参观也。伏乞我王大臣合校而辩正之。夫中国山川，往往名同地异，如高山、公山、分水、合水之名目，求之《山海经》，屡载不一，征之俗语，尤多以山水形势而命名，有一府州县，而口音有异同焉。英公使不按之条约，而以名目相求，不据之地位，而以声音相强，亦何其狂悖乃尔也。又闻月来交涉我王大臣以高良公山之分水岭，澜沧江上源高丽贡山之分水岭，均不足证据，商约以西经某度为彼界，东经某度为我界，卒之是指何度，未见明文。或即以前腾越英领事烈敦照会公文，谓以此纬线二十五度以至三十五度为滇缅分界欤。然线度之说，生不免有疑惑焉者，以我国所派勘界委员，多属不明地理，当场指画，唯唯诺诺，事后一经以线度执据，则彷徨觉误。几何丧失，争辩无及，所谓差之一毫，失之千里是也。如前次委员彭继志、杨发荣、杨钟祥等与英勘界，亦何尝不据线度分界，而腾越之明光隘、古永隘外地卒割让与英，此线度失败之明征也。况滇缅交界，广延千余里，大抵犬牙相错，伸缩凸凹不一致，务必以线度绳之，恐未能若合符节也。若谓线度为可据，则彼此一经划正后，无庸再勘可也。何以光绪十三年，总理衙门已与英公使殷格纳划清滇缅边界，割让虎踞关以南孟艮等处。光绪二十年又重勘，以瓦兰岭、蛮秀岭一带永租借与英人，兼割让腾越边界隙地数处，订明以太平江及南奔江相会处分界。光绪二十五年又重勘，割让六慰三宣，地横径一千余里，直径三百余里。今岁又重勘，漫认以澜沧江上源高丽贡山之分水岭分界为辞，见夫英即无此狂语，亦有此狂念，况意无忌惮，以正式之交涉要索耶。综以上之历史，凡一经勘即蹙百里千里，洵有陆沉不必由洪水之象矣。嗟乎！国土有尽，敌欲无尽，几何不稍顾惜，而存留一生长子孙地也。夫六国以地事秦，犹之抱薪救火，薪不尽，则火不熄。六国已矣，借鉴以观，六国所事者止一秦，我所事者六七秦，安得有此多土地割让哉！虽然割地亦有说，或因战败请和，或因敌兵侵占，割地诚不得已也。计数十年来，我滇未尝与英交一兵英，英亦未曾加我一矢，而割地累累，靡有底止，我王大臣将谓滇何，将谓天下何！试问滇地非国土欤，滇人非国民欤，亦何忍弃之如遗也？今次之重勘界，英公使之要割让，已彰彰在人耳目，我滇民抱剥肤及骨之痛，终日如惊弓之鸟、畏钩之鱼无安处此，欲急闻合约之告成，知我王大臣必有以处此，但以生默窥外情，反观内容，有虑今次之勘界，不惟关滇省变乱，且系全局危亡，谨为我王大臣披沥陈之。各国从来对我政策，素持平均势力主义，征之庚子德事，俄、德、法协日还辽，各国自居为功，俄租旅大，德据胶州，法割孟连、江洪，英国起援为例，又要割库弄全境，兼展界大平江。可知外人每借口利益均沾，以求所大欲，断不能独让寸土地于一国，失之彼者，犹复失之此。今不幸若再有割让于英，则法将首先起为相当之要索，决无可疑，不观法人之言曰：吾法得领越南时，英亦于（一）

千八百八十六年占据缅甸，以为我之抵力，今且漫及西藏，不转瞬间，亦将注目于云南矣！果尔，今春英人即来要筑滇缅铁路，意据滇西为进路，随以展势力于大江，然使英法而常相抵触也。则如两犬争一骨，此攫则彼夺，相持不下，我卒得以偷生其顾忌之下，未始非须臾倖生！乃年来英法弃仇寻好，忽相亲睦，意谓尔我相争不让，不如相和而分之，故今英有所图，法不干涉，法有所欲，英不间阻，各认定其势力范围以前驱，准此以推，则今若有尺寸割让于英法不阻拦，惟求如与英者以与之。法得所欲，则俄、德、日、美亦求如与英法者与之。无国非英，无省非滇，行将复演庚子之惯计。我王大臣又将何以排解之？生之所以百忧焦灼，谓今次之重勘界，宜详辩正。英公使之要割让，当严拒绝，否内恐生民激变，外恐各国纷争，大局瓦解矣。或谓随而与之不可，激而拒之又不能，处之奈何，不知非也。今次之勘界，非战败请和，亦非敌兵侵占，据理可争，据约可争，止须不激，不随以应之。英公使即虎而狐行，其必不能灭视公理，抛弃条约，此情势之无可疑惧者也。惟我王大臣俯察舆情，顺应事机，俾不失之合约之外，即得以餍我滇民之望，列强之侮心，因以寝矣。虽然无实力以为后劲，则外交无所施其长，理似可争而不可恃，和止可暂而不可久，是则陆兵之宜急加练，海军之宜速复兴，然后可以望保云南，望保中国。伏乞我王大臣其早图之。生草茅下士，罔知避忌，不胜惶悚待命之至。

特参司道大员奸邪柔媚贻误疆臣折

贵州提学司　**陈荣昌**

奏为特参司道大员，奸邪柔媚，贻误疆臣，恳恩查办事。窃臣滇人也，蒙国恩厚，来提黔学，去乡为近，既难释爱乡之念，益不胜报国之心，苟有所知，不敢不言，既言不敢不尽，伏惟皇太后、皇上察之。臣窃见今之谈时局者，谓滇僻处西南，介居两大，漫无整顿，日就阽危，指为滇督丁振铎误滇之罪，达诸政府，登诸报章者不可一二数，于是丁振铎声望大损。虽然此，但知误滇者丁振铎，而不知误丁振铎者兴禄也，丁振铎督滇，亦有足服人者，洗手奉公，一介不取，滇人重其廉，劾退藩司，诛斩镇将，滇人仰其威，置个旧公司，请自开商埠，自办滇蜀、腾越铁道，滇人亦钦其筹画（划），不可谓非贤者矣！所不满于滇人者，惟洋务一大端失手特甚耳。洋务之失手，丁振铎之误滇，实兴禄之误丁振铎也，兴禄虽识字无多，而出其便辟侧媚之才，实足以蛊惑长官，使之堕术中而不觉。往者嵩蕃督滇，苞苴竞进，兴禄善事之，称莫逆交，嵩蕃之妾死，有女号曰五爷者，拜兴禄之妻为义母，兴禄之妻遂往来督署以为常，而兴禄与嵩蕃之交乃益密，以兴禄之诒邪如此，其与丁振铎之清刚，当若水火不相得矣，而乃若胶漆之投者何哉！丁振铎于外交，以忍辱吃亏为宗旨，藩司刘春霖、臬司陈燦皆正人，不屑为而忍大辱、吃大亏，独兴禄肯为之，是以洋务专归兴禄之手。滇之祸莫大于滇越铁路，时人为之语曰：越路短，滇祸缓；越路长，滇速亡！呜呼！此惊心动魄之言，滇中三尺童子知之。兴禄司道大员，食滇民脂膏，不思救滇之亡，乃更速滇之祸。当法人驱路工，冒瘴毒，昕夕操作，鞭挞从事，十死其九，生者尽逃亡，亦惨甚矣！粤督岑春煊闵之，禁粤人勿得为滇越路工，则越路之成，可稍缓矣。兴禄乃请丁振铎咨粤督，谓法人改良，请勿禁路工，粤人皆不直，滇督而不知误滇督者。兴禄也，滇之民近路工者，稔知其惨状，并知越路有害于滇，不愿为法人筑路。兴禄乃索之于远，令大理、楚雄各府县派民夫，给以重价，而先派民间出钱财资送，一夫之费至二十余金，一县数百夫，遂至数千金，法人修路，滇人出夫又出钱送之，此何说耶？滇人是以谓兴禄实助法以速滇亡也。知府石鸿韶，附于兴禄，兴禄荐其与英人划界，希图劳绩以迁官。石鸿韶传兴禄衣钵，持媚外主意，不惟不爱滇之土地，且并蜀之土地亦弃之，其事秘密，滇人不尽知，然窃闻界务公牍达外务部，外务部察其失地，寓书数十纸驳诘之，亦严切矣。兴禄本独揽其权，至是惶惧，乃邀藩臬两司画稿，冀得分过。然窃闻藩臬两司皆不肯画稿，滇中传说，以为石鸿韶必获罪，兴禄亦必不免，乃未几，而石鸿韶升迤东道矣，兴禄升贵州按察使矣。滇中传说，又以为失地之愆，滇督不能辞其咎，故丁振铎不能不袒兴禄，兴禄不能不袒石鸿韶。夫丁振铎贤者，至势成骑虎，亦不得不忍尤蒙垢，甘贻袒护之讥。滇人是以谓失地者石鸿韶，用石鸿韶者丁振铎，荐石鸿韶以误丁振铎者兴禄也，石鸿韶升迤东道，而滇人忧，兴禄升黔臬而滇人喜，非喜其升官，喜其去滇也。然黔亦圣朝行省，不利于滇者，岂独利于黔耶。今兴禄不惟升黔臬，且署黔藩，护黔抚矣。国家用人，以为丁振铎贤者，其倚重之兴禄亦必贤者，而恶知丁振铎误滇之罪，为天下人指摘者。兴禄实贻之，臣诚不忍丁振铎为兴禄所误，乃独蒙恶声于天下，而兴禄反意气扬扬，不仁在高位，竟未有播其恶于众者，国法何存？公理安在？臣在滇时，见兴禄一意媚外，不顾惜圣朝疆土，曾言于滇督丁振铎，谓此人不可用，丁振铎不听臣言，今果为所误，虽悔其何追？然明如诸葛亮，犹失之马谡；忠如司马光，犹失之王安石。知人则哲，自古难之。是丁振铎用人不当之罪，或尚可原，而兴禄贻误滇督，速滇祸，失滇地，奸邪柔媚之愆不可逭也。臣愿请旨特简刚正无私之大臣，查办兴禄派民修路画（划）界失地之事，如果不虚，即明正其罪，以谢滇人，以宣示天下人之转咎丁振铎者，臣怀此拳拳，不能自达于朝廷久矣，近蒙恩命，提学于黔，例得奏事，且以滇人言滇事，即臣所谓难释爱乡之念，不胜报国之心者也，是否有当，伏乞皇太后、皇上圣鉴，谨奏。

光绪三十二年十月二十八日

疏上后，作者密不示人，不知者，遂疑为如何指斥丁公，其实丁公之清刚及在滇政绩，如劾退藩司，诛斩镇将，置个旧锡厂公司，请自开省城商埠，奏办滇蜀、腾越铁道，首先按年认股五千两，并争阻英人要求滇缅铁路诸大端，滇人至今德之。即作者亦历举以称其贤，独惜其为兴禄所误耳。余往岁于杨林旅邸中得读此稿，深知作者于丁公无恶意，特录之，以为观过知仁之助，并以解天下之疑丁公者。

毅识

案 事 编

——奏派云南查办事件禀稿（光绪三十三年六月）

湖南候补道 **沈祖燕**

敬禀者，窃职道于本年正月初六日，奉宪台札开，光绪三十二年十二月二十三日，承准军机大臣字寄，光绪三十二年十二月初五日，奉上谕，署贵州提使陈荣昌，特参司道大员奸邪柔媚、贻误疆臣，请旨查办一折，著按照所参各节，确切查明，据实具奏，毋稍徇隐，原折著钞（抄）给阅看，钦此。遵旨寄信前来，等因承准此，查原参各节，事在滇省，亟应檄委大员，驰往确查禀，覆以凭核办。除附奏外，合行札委，为此札仰该道，即便遵照酌带稳练得力随员，刻日束装前往，按照原参各节，考察案卷，详细访查，务得实在情节，逐款据实禀覆，以凭察核，具奏。此系奉旨饬查要件，事关重大，该道务当切实详查。其铁路画（划）界二事，尤当悉心体察，妥筹禀办，慎勿稍涉粗率瞻徇，是为至要。仍将随员衔名禀报，以凭檄委至各卷宗。该道调查后，将必须考查者，交由藩臬两司洋务局，饬承钞（抄）录，带回呈核，并即遵照此札，计钞（抄）发原奏一本，等因奉此，并蒙札委候补通判张惟寅、准补保靖县知县孙鸾、试用巡检张致芳随同前往在案。职道遵即带同随员等，于二十一日由省起程，当以案中有滇越铁路事，即浮海遄行，取道安南，至保胜，过河口，为中国界，因分路自循现正修筑之轨道，顺行查勘，过河西，至蛮耗，经蒙自以晋省，计长一千二百余里，揣计工程，已及七成，约两年内当可竣工。沿途访察，密资考证，于三月二十三日，驰抵云南省城，当即分调卷宗，详加察核，查原参各节，以画（划）界失地事为最要，而派民修路次之，此二事皆隶于该省洋务局，铁路虽设专局，而仍附于该局之内。卷查滇省自二十一年正月，奏定设立洋务局，专理交涉事宜。二月，兴升道禄，以广南府署首府。值总办李道必昌丁忧，遂委为代办，与石道鸿韶，以候补知府充提调，同日札委进局，旋复以兴升道改为会办，嗣又接派总办。至三十二年六月，赴黔臬任，始行销差。在局十有二年之久，虽升任兴褫职，亦兼差如故，始而崧督宪蕃信用之，继则丁督宪尤倚重之。凡外交政策，罔不资为熟手，惟其言是用盖任之诚，不可谓不专也。原参所称知府石鸿韶，附于兴禄，兴禄荐其与英人画（划）界一节，查此次石道所勘之界，系在腾越北段，尖高山以北，是特滇缅界务之一也，云南疆域，西与缅甸毗连。自缅甸沦入于英，而屡有勘界之事。光绪十三年，总理衙门与英使欧格纳议约五条,以分滇缅界线。嗣驻使曾侯纪泽,亦经议约三条,皆议而未定。薛星使福成,于二十年有议定滇缅界务之奏,业经订定条约,二十三年,总理衙门又与驻京英使重订条约附款专条,此即所谓"滇缅续约"也。定约后,英人屡催画(划)界,是年遂派刘镇、万胜总办西路勘界事宜。嗣刘镇因与英领事会勘,英领事强以垒甸误瓦兰,因争执而致停办。所派分路会勘之委员,则知县陈立达,自太平江北之南奔江起,至瓦仑山止一段,计长九百余里;游击杨发荣,自瓦仑山起,至尖高山止一段,计长一百九十余里;又迤南道陈道燦,由潞江至湄江一段,系由附近猛河之南马河流入南卡河之处起,至湄江止,计长一千数百余里。二十四年,刘镇、万胜又与英员司格德,自腾越南布江起,勘至顺宁属之耿马、孟定、上隆渡止,计长二千余里,均经会同勘定。钉界立案,惟余迤南之镇边、孟连、公明山等处,亦由刘镇、万胜、陈道燦会勘,因公明山地,与英人力争,遂绘图各画(划)一界线,而尚未定案。至所谓北段界务,则以光绪二十年所定条约第四款,内载有"将来查明该处情形稍详,再定界线"等语,是以久悬未定,此滇缅界务之大概情形也。至此次北段勘界之缘起,则以二十六年有英兵越界至茨竹派赖烧杀之案,英使以未定界之故,照会总署,请以恩买卡河与萨尔温沈(即潞江中间之分水岭)为暂时从权之界,当经总署驳覆,以彼此各守现管之边界,又声明现管地方以小江为界。

小江至滚马一百里茨竹至三十里,英兵烧杀均在境内。二十八年,英使又称,此分水岭不但为边界天生界限,且为中国现时管辖之边疆,请即以小江(即恩买卡河以东之分水岭)作为定界。二十九年,英使又称,查明天然界线系自东流入恩买卡河,即小江诸水之分水岭。嗣忽有驻滇思茅之务领事,照会内称,查马囊坪,即《中缅条约》第一条之尖高山,兹拟将此山以北厄勒瓦谛江,即大金沙江,与龙川、潞江两江间之分水岭,作为中缅界线。所有流入大金沙江之溪河,概归缅甸,流入龙川、潞江两江之溪河,概归中国。于是,英使又向外务部声明:恩买卡河即系厄勒瓦谛江之北流,该北流即大金沙江之东流,是以务领事谓为大金沙江,甚愿将界线商明画(划)定各等因,并由英使照会外务部,所派华员,或可由驻腾越巡道就近派委,自不难和平商结。外务部当以电达云南督抚,派员会勘为覆。查英使屡称以小江即恩买卡河以东之分水岭为界,而于恩买卡河与潞江中间之分水岭,久不提及,已有数年,忽于两国将派员会勘时,突由在滇之思茅务领事照会,径称以大金沙江与龙、潞两江间之分水岭为界,英使即据以声明,并指请由迤西道就近派员会勘。于是,三十一年正月,知府石鸿韶遂以署迤西道奉委,会同英国所派之领事烈敦往勘,查据石道勘竣详称前次画(划)界,仅到尖高山(即野人名马囊坪之北),此次从尖高山起,接续向北勘去,越高黎共雪山,直抵丽江府应管地,为滇缅界尽处。于四月初旬,一律勘毕,并称此段界务,烈领事执定以大哑(垭)口为界,该道执定以小江边为界等语,卷查烈领事此次所勘之界系从尖高山起,东至胆札山,过狼牙山、磨石河头、搬瓦丫口、姊妹山、大哑(垭)口、茨竹丫口、片马丫口,直上高黎共雪山,北往西藏。所云大哑(垭)口,即为恩买卡河与潞江中间之分水岭。其照会该道有云:由明光河头直上高黎共雪山顶,由山顶北往西藏,凡水入金沙江者,概归缅甸管理等语,若不幸照此定界,则是由滇而蜀而藏,边界之地所被其割去者,当以数千里计。外务部所谓:直是分割华境,是断不能允从。可无庸置议者也,若石道所拟,以小江边为界,系从尖高山起,由磨石河头,直上歪头山过之,非河经张家坡,登高良共山(此山非即高黎共雪山),又抵九角塘河,顺小江边,复另行横出,上至小江源,又至板厂山为止,查其所勘之界,于腾越、保山、云龙、龙陵各属土司素所管辖之地。数百年来,向化中国者,一旦弃去不少,自经勘毕,绘图会印禀陈,当由洋务局核议照办,而丁督宪亦不加详察,即经据情转咨,幸而外务部察其所勘之界,失地甚多,飞函驳诘,逐层指斥,并经详细咨覆在案。其时,洋务局系兴升道总办,率同局中主稿之文案等,仍如原议,饰词周稿。丁督宪即拟据以顶覆,查滇省洋务局,凡于函电等稿,皆由文案核拟,经总办裁夺后,呈督宪阅定发行,均仅盖用图章而已。即奏咨札文各件,亦惟督宪画诺,其余皆只盖章。盖洋务事,皆由于督宪主政故也。历查成案，即云南巡抚未裁撤时，亦多不与闻，非仅现任司道，未奉派委，皆不会议也。此案，当时以业经奉部严驳，兴升道于核定覆稿后，特邀同藩臬两司，至洋务局，请会同盖章。刘藩司春霖，以向不与议，何以此事忽邀会核，细察情由，知其实系失地，此事不特有关边界，且辱国实甚，总须与英人力争，以图补救，万不能置之不问，因坚拒其请。陈臬司燦亦主其说，均不允盖章。时丁督宪亦同在座，以其过于固执，颇不谓然。刘藩司复缮具说帖，指陈地势，并改拟覆稿，会同陈臬司，呈丁督宪，请覆部协力争持，丁督宪乃酌改电稿，覆外务部，以此得相持至今，尚未定案，此三十二年八月以前之事也。原参谓，界务公牍达外务部，外务部察其失地，寓书数十纸驳诘之。兴禄本独揽其权，至是惶惧，乃邀藩臬两司画稿，冀得分过。然闻藩臬两司，皆不肯画稿者，即系指此而言，职道伏查北段界务，自以外务部所言之界线，由尖高山起，至石我、独木二河之间，循恩买卡河，至小江西、恩买卡河之东之分水岭为界。按此岭，当是他戛甲大山最为持平，且英使本有以小江即恩买卡河以东之分水岭作为定界，又云天然界线，系自东流入恩买卡河，即小江诸江之分水岭等语，与此正合。则此次勘界，即于恩买卡河（即恩梅开江）循流而行，至小江止，已足满英人之初意，且所勘滇缅北段，本只为腾越与野人山之界，则必执定腾越诸土司之属地，及野人山之分界处以画（划）

界，自是一定不易之理。而与小江，即恩买卡河以东之分水岭，又自东流入恩买卡河，即小江诸江之分水岭，并与译出薛星使福成，二十年签押英文图内之恩买卡分水岭，其部位亦均相符合，在烈领事存心叵测，欲施其狡狯之手段，固在意中。而石道膺此重要之责任，非但不能进占预为地步，并不先自详审界限，胸中早定成算，而惟处处曲徇，以致失误而不可收拾，此真为人人意料之所不及者也。查此次勘界，英使既言以小江，即恩买卡河以东之分水岭为界，又言自东流入恩买卡河，即小江诸河之分水岭，既明曰以东，又明曰自东流入，何以任烈领事之混为西流，竟勘至狼牙山迆北，至大哑（垭）口而止，此其误者一。又外务部覆称，明有各守边界之文，此为甘裨地、茨竹、派赖烧杀之役而起，各守之地自即在此，何以不实守此小江边界之说，至小江顺流而下，而反另向东行，指鹿为马，再直上别寻一小江源，至板厂山为界，此其误者二。又英使所言天然界线，乃自东流入恩买卡河，即小江诸水之分水岭，而烈领事所勘，乃指恩买卡河与龙江之分水岭，谓岭之东所有溪河，均入明光、龙江岭之西，所有溪河，均入恩买卡金沙江，以此岭之东西为中缅之分界石。道不能明，据小江东流力为驳斥，而乃以山形水势，则然一语，含混答覆，是不特先未体察此段界务，应如何勘办，而竟任烈领事之随意所指、东西自便，实不知石道果何为而一至于此也，此其误者三。且即如英使照会，恩买卡河与潞江之分水岭之说，此岭即为大哑（垭）口，亦只西勘至片马丫口为止，何以任烈领事直上高黎共雪山，竟偕测绘王生，勘至丽江府属兰州边界始回也，此其误者四。又小江外，如噬戛等寨，系腾越属之茨竹大塘土司所辖，笼榜系保山属之登埂土司所辖，确凿可据。乃烈领事照会，言贵道来示谓已摒诸化外，而石道覆称，又言业经声明久在化外，石道责在勘界，并不援据力争，而反先自认久在化外，实所不解，此其误者五。又茅贡等寨，原系滇滩属土司所辖，本中国旧有之地。不过英兵曾经至此，并强收门户税而已，并非英人实已占为属地。而中国有允认之明文也。乃石道照会，谓早经贵国办过案件，不复管理，竟绝不置辨。果如所言，则将外人曾到过何省何地，或用强权暂取利益，我中国即举以让之、概不过问，有是理乎？即使此地将来万难争回，亦应力辨，存此一说，以为预步，而顾先自认定弃之不问，其故何也？此其误者六。至于大哑（垭）口外，如甘稗地等各处，烈领事欲仿三角地成案，作为永租，既欲议租，则已明认为中国之地，正可趁此力驳，使之无辞可遁。计大哑（垭）口外，共有一十八寨，其地甚广，岂可轻弃，且既认租，则茨竹、派赖烧杀一百十四命之案，明是入我中国之界，正可提议使之不能诿卸，何以绝不论辨，而反照会，谓为思深虑远，敦辑睦而固邦交，当据以禀陈。虽石道于租地一节，因无全权，尚不敢直认，而其心允之意已见言外，此其误者七。又狼速之地，甚为辽阔，一名狼宋（即狼猓）。《大理府志》茇昌散处于狼宋曹涧赶马撒之间，道光十八年，准兵部议，以赶马撒曹涧等寨，归云龙州管辖。则狼速乃大理府属境。若如石道所勘，另寻一小江源至板厂山为界，则不特噬叓等一十八寨摒诸化外，且并将狼速地一带地方亦概弃之不问矣，此其误者八。然此八者，其害尚只在滇省也。更有大误足以为将来之后患者，一则小江外之狼速地，一旦弃去，再北而为怒夷其地踞龙潞两江之上流，东接维西、中甸，直通丽江，北与四川之巴塘、里塘诸土司相接，西北即可以通至西藏。一则高黎共雪山之地，任其节外生枝，自往履勘，业经勘过，彼族之心，极为坚忍，岂肯轻于罢议。将来，若果曲从，则即可从此高黎共雪山之顶，沿潞江、金沙江之上流由北直进，不特球夷、怒夷之地去其大半，即维西属之铺拉、笼四，藏属之擦瓦龙一带，皆将被其所侵占，所失之土地，岂尚可以数计？且犹不仅此也，并由此可以直接四川巴塘土司之地，而入我西藏，滇缅之界事未了，而川缅、藏缅之界事，即将迭起，照此勘界，其将何所底止？外务部函称，若不预先防备，北段界务愈办愈难。究竟作何止境，诚属洞见万里、确中肯綮之言，此原参所以谓不惟不爱滇之土地，且并蜀之土地亦弃之，实非虚语也。查石道之照会英领事，于其欲以大哑（垭）口外作租地也，则曰贵国辑睦邦交，故此和平商办，既有成案可援，自能妥商办法；于其议租一千五百元也，则曰租价已属从丰；

于其酬给抚夷四千元也,则曰可谓体恤人情,无微不至,有此盛情,必为代达;至其于小江外各寨,则曰业经声明,久在化外;于滇滩属各寨,则曰久经贵国办过案件,不复管理,又曰,其小江与分水岭两处界线,贵领事指陈一切情形,甚为明晰,自系为顾全滇缅利益,永享安静起见,容即查照函示,转详办理。观其照会,烈领事只有承顺之词,绝少辩难之处,而其禀电中之所陈,如论大哑(垭)口外之作为租地,则曰永租一层,似已属最为和平之议。又曰,租价出至一千五百元已属从丰。又曰,除给土司门户岗费外,尚有数百金赢余,岁济公家之用,倘力与磋磨,似尚可望增加。又曰,否则以大哑(垭)口外区区不毛之地,何故遽许租银,其于应对外人之言,何以如此谦卑逊顺,而于禀陈上宪之词,何以如此欻动挟制,甚至于论滇滩属各地,则竟曰,查《万国公法》第四章,此国掌某地某物,即可以为己有,骂章、黄铁等处,渠早已屯兵及办过案件,证引亦似有理,惟竟似代为英人力争之语。惜乎,其不能如此类之援引,以驳折烈领事也。原参谓其持媚外主义,观其于此等言词,大致似可以想见矣。职道详核卷宗,密访人言,考之迭次之图说,证以各属之志书,石道此次勘界,所失之地,其所称业已声明久在化外者,如小江外之噬戛、甘坤、官寨、笼榜、独末、乌洛、古浪等处,并及于狼速地一带,其所称英国办过案件,不复管理者,如滇滩属之茅贡、骂章、黄铁、能欧、猛爱、怎江、石

·案事编·

路等寨,此外尚有作为永租者,则大哑(垭)口外之甘稗地、茨竹地、派赖、那归、片马、习降、滚马、他戛、把仰、夺约、那境、沧浪、卯照等小江南之一十八寨,皆将从此而非我中国之所有矣。此皆滇省腾越北段边界,实在所失之地也。而在英人,则或办过案件,或我中国已声明久在化外,又或作为永租,反得首尾联络,呼应一气,形势包举,可以进、占、退、守,而滇省则实逼处此,穷蹙日甚,后患更不可明言,宜乎,滇人之于此事无不痛心疾首,而仓皇奔走以相告也。幸而烈领事照会,请于勘界图中声明,虽经盖印,不过明此图之真伪,实不能为议定之凭。石道亦经照办在案,尚可执此为词,然若果可勘而作废,如同儿戏,则亦何必两国筹商数年之久,郑重而出此一勘也。错已成铸,往无可追,彼族之计甚狡,久无驳覆,犹且以为默许,况明明有界员之照会与图说乎。现英使已有既经烈领事完全报明,毋庸另勘,又有中国若不照允,则本国驻守该处治理一切,毋须再行议商之照会,显将以此勘为实在定界之据。而在我则太阿倒持,已授人以柄,虽有智能,殆亦难以转圜,无以善其后矣。石道犹谓勘而非画(划),可另派员重勘。窃恐木已成舟,未易起灭自由耳。查三十二年二月十三日,丁督宪有致外务部函,系洋务局文案所拟之稿,而经兴升道核定者,犹曰石道苦心孤诣,力与磋磨,未肯一步放松。又曰,以小江外野夷,前虽隶土司管理,久已不相闻问,即抚为我有,亦恐难以驯服。又曰，其意以为穷荒部落，弃之无损，戎索得之，或生边累，不若溯江源为界，较有限制，系为因地因时起见。又曰，租地一节，该道仅代为请示，未与提议等语，细玩词气，无非为石道竭力斡旋，而于其勘界之失误，毫不置议。此次勘界失地一事，滇中士绅无不太息痛恨，以为此时所失尚小，而将来之后患实无穷尽，不仅贻误地方，为云南边界之忧，而且有大害于全局者，乃丁督宪与兴升道，犹力为之担任庇护，则诚不解其意之何居也。原参谓失地之愆，滇督不得辞其咎，故不能不袒兴禄，兴禄又不能不袒石鸿韶者，似非无所为而言之也。至所称兴禄荐其与英人画（划）界一节，则虽滇人纷传其与英人先有成议，故英人指请就近由迤西道派员会勘。然事无实据，亦难遽信，且其是否由于兴升道所荐，则亦无从查悉也。又查滇越铁路，自二十三年十一月，法人吉理默等以查看格致为名，擅勘路线，虽经争辨多次，而终至准其开办，议定后，向各省招工修路，如两广、福建、四川、山东，以及直之天津，浙（浙）之宁波，并本省之土工，无不设法招徕，陆续计之，殆不下二三十万人。到工后，死于烟瘴者，不知凡几，加以克扣工资，无钱觅食，逃亡饿毙者，实不能以数计。查法人接造滇路，以意大利人包修为多，而希腊等国人次之，其中以意国包工为最苛刻，中国则又有工头，或管数百人，或管数十人不等，皆受命于洋包工，其发给工资，往往不按定章，多所扣欠。如工头黄福记，被洋人瓦理格记扣欠八千九百余元，黄胜记被洋人马约扣欠七千余元，李宝兴被欠三千余元，林六被欠四万二千余元。此等刻（克）扣工资之案，积卷盈楼，虽经控追，亦不过一照会而已，间有缴出数成了案者，亦不可多得。又值滇中自开办铁路以来，人数骤增，屡逢歉岁，百物昂贵，即以前两年考之，凡银一元，仅易米十一二斤，在此苦力小民，工资又多被苛扣，从何觅食？除滇中本省工人不计外，闻各省工人之被招而来，其能散亡逃回，或沿途求乞，或由人醵资遣归，得能保全其身命者，实不过十中之二三也。当其在工之时，洋包工督责甚严，每日须点名两次，偶值歇息，即扣工资一日。并有运米给食，作价倍昂者，稍不如意，鞭棰立至，甚有以铁索贯十数人之辫发，驱之力作，偶有倦息，即以马棒击之。种种苛虐，实不以人类相待，多有凶殴致命及无故殴毙者。如洋人基拖地之殴毙王开宗，纳弥那之踢殴毙刘保如，基曰窝之枪毙唐贵廷，此等毙命之案，不能悉数，间有已结者，亦不过略议抚恤，其凶犯或驱逐出境，或解回本国，自行惩办而已。据沿路所访查，此次滇越路工，所毙人数，其死于瘴、于病、于饿毙、于虐待者，实不止以六七万人计，嗟我华民，何辜遭此荼毒？此滇中铁路工人之实在情形也。原奏谓，法人驱路工冒瘴毒，昕夕操作，鞭挞从事，十死其九，生者尽逃亡，亦惨甚矣，殆即指此等而言也。又原参谓粤督岑悯之，禁粤人勿得为滇越路工，兴禄乃请丁督咨粤，谓法人改良，请勿禁路工一节，查两广岑督宪于三十年三月，迭次咨电来滇，以该公司种种凌虐，实出情理之外，已饬即日停招，请将流亡者赀遣回粤，以重民命，并送粤工名册，请为保护。滇中虽派彭守继志往查，亦只以尚无凌雪情事一语，含糊禀陈，即据以咨覆而已。三十一年十月，罗领事又照会丁督宪，请粤中驰禁。查卷丁督宪，先已批明，有此件似难应允字样，旋又艳电咨粤，有仍设厂招募，公司亦愿约束洋人，不蹈前弊。并于覆罗领事函内，先以致粤电文与阅而后发，是岑督宪之禁止招工，屡次咨电，皆在卷中，固实有其事，惟请粤驰禁。则丁督宪先曾未允，而于事隔四日之后，忽又有艳电致粤，其是否由于兴升道之所请，虽人言云然，究无从查其实据也。又原参称，滇之民近路工者，念知其惨状，并知越路有害于滇，不愿为法人筑路，兴禄乃索之于远，令楚雄、大理各府县派民夫，给以重价，而先令民间出钱财资送，一夫之费，至二十余金，一县数百夫，遂至数千金。一节，查三十一年正月，罗领事函请代招云南土工，应在路线远处地方，并须在三千名以上，由公司送到章程，每人每日工资二角五分，洋务局即为札饬云南、楚雄、东川三府属共十六州县，每属派招三百名，垫给路费，率往工作。甫及一月，法领事并未催促，而洋务局忽又严札饬催，并有倘敢任意玩延，定即撤任详参，决不宽贷等语。各州县之能以公司苛暴，民不愿往，无可代招，据实禀覆者，亦尚有人，而承仰风旨，竭力

·案事编·

严派，并藉（借）名扰累者，正复不少，如姚州知州李金鳌，为罗汉章等公禀，按户摊银，请纾民累；大挑（姚）县知县谢怀宣，为李守忠等公禀，按乡抽丁，为民请命；罗次县知县范金镛，为余洪才等公禀，沿村苛派，贻累不堪等各案，或则勒民赴工、差捕骚扰，或则敛钱赍送、借端渔利，皆控告督院，批发洋务局，或并控臬司有案者。当时，以各省及滇中近铁路等处，招来工人，皆因洋人虐待，散亡殆尽。罗领事函称，应在路线远处地方，正是使之路远难于逃亡之意，即原参之所谓索之于远者是也。惟所札派，乃系云南、楚雄、东川三府，而并未及大理府属，至若派民夫，先令民间出钱财赍送，则大姚、罗次两县，及姚州皆有控案在卷，证以密访，夫固有确实不虚者，路工之为洋人虐待，尽人知之。乃该公司一有请于远处代招土工之说，而即奉命不遑，迭次严饬札派，不惜驱吾民使之入于陷阱而后已，抑又何也？两广岑督宪，迭次咨电，以该公司凌虐停招，并请给赍遣回，以重民命固已。而直隶袁督宪，亦电请垫发川资，将工人解至汉口，用船载回，用款示缴。丁督宪固并未照办四川锡督宪个电，该公司不免虐待逃亡之事，请饬商必无虐待，方可听招。宥电，工人不得凌虐责打一层，尤为紧要。丁督宪则仅覆一勘电，谓公司自相约束，已较敛迹。又浙江张抚宪佳电称，津工七千人，勒给工资，用兵压制，死多生少，宁波来者，往往三五十人，跪求生路，恳恩设法拯救，其情词甚为迫切，而

·滇事危言初集·

查据覆称，丁督宪竟置之不覆。封疆大吏，有牧民之责，他省督抚，皆能以民命为重，竭力吁救，丁督宪顾何以一听各省招致之工人，及本省土工之死亡枕藉于其境内，如秦越人之相视而漠然无所动于心。惟独于法人一有照会或函件，如请代招土工及转请邻省招工，甚有招来外省工人，入境川赀请饬沿路州县垫给，均无不奉令维谨，立即照办者，此则诚有大惑而不可解者也。又查蒙自铁路分局卷，有洋人贾四乃仪见粤商陈阿添路过，无故用枪轰毙一案，粤众大哗，蒙自关道魏道景桐正在力争惩办，而兴升道忽有东歌两次私电：一云抚恤亦属常事，考之约章，具有成案；又云不能不婉商权宜了结。与洋务局之批饬宜良县禀：洋人雷维殴毙工人马正海案，以权宜了结者，用意正是一律，且东电云：此电不作公件；歌电云：俟事有端倪，再行回院等语，而此事遂强以抚恤了案。可见滇省交涉之事，全由兴升道一人专主，皆可惟其意之所欲为，即丁督宪亦无不徇从也。观于其以私电竟自商定，遂至此等巨案，永无昭雪之日。而洋人于是益肆其凶横，无所顾忌，以致滇路公司中人殴毙华人之案层见叠出，竟无一能得伸理者。原参称：滇人是以谓兴禄实助法以速滇亡。助之一说，大约即指此等事而言也。至原参谓嵩督之妾死，有女曰五爷者，拜兴禄之妻为义母，兴禄之妻遂往来督署以为常，而嵩蕃与兴禄之交乃益密一节，查嵩督宪晚年无子，仅此一女，其母又故，因而钟爱，亦人之恒情。兴升道亦属旗籍，风俗无异，同乡眷属，偶一往来，闻亦有之。至于拜为义母，则事属暧昧，外人固无从知之，想或系悬揣之词，亦未可知也。又原参谓：兴禄虽识字无多，而出其便僻侧媚之才，实足以蛊惑长官，使堕其术中而不觉一节，职道遍加访察，兴升道于文义似不甚通晓，故一切文牍，动辄需人，而谓其识字无多，则未免过甚。始以武定州知州到省，旋补广南府，二十一年调补首府，而迤东道，而臬司，盖不数月也。历经兼充善后局、营务处、金银矿务、农工商务、机器、电报、洋务、铁路等局总会办，兼差甚多，故官场不肖之徒，趋之如鹜，致有兴党之称，而其最为人言之所不恤者，则以机器、电报两局为尤甚，何也，以其皆有报销之款项也。候补道莫道凯，前经接办机器局事，不数月而即以查弊，仅将莫道参革在案。三十二年六月，兴升道赴黔臬任，丁督宪并不照章另委总办，而以由电报生出身、未赴引之蒋守立成，充提调接办其事，嗣复以局中历年之册籍簿据荡然无存，人言啧啧，皆谓其系焚毁灭迹者。丁督宪亦有所闻，乃于本年二月，另委何道光燮为总办。何道接差，即具禀声明：界限在案，其意可知。查蒋守接办，自三十二年六月起，至本年正月，八阅月之久，尚有赢余银一千一百两，虽不若兴升道办理时之尚需月支善后局津贴，或千余金，或数百金不等，而覆核蒋守之报销，除活支之款无凭稽考外，即据各分局所报额支各款，而总局浮开，以报善后局者，每月已三百三十五两七钱九分之多，总八个月而计之,已侵蚀至二千六百八十六两三钱六分,此数月之册报尚在,一经查核,即已了然其弊已如此之甚,亦何怪?谣诼繁兴,于前十数年兴升道办理时无可稽查之电报局也,并查据新委电报局总办何道光燮覆称:局中历年册籍簿据悉数抽提,无留存者,此其故似皆可揣测而知之也。查滇省洋务局,本在督署,嗣设铁路局,即附于其内,向由兴升道总办,丁督宪尤专任之,其于交涉事件,固多所曲徇,而尤专事假讬(托),互为欺朦者,则迭核卷宗,如滇缅、腾越北段为界务最重要之事,所有致外务部函电咨呈各稿,如三十一年五月二十九日,致外务部函称:小江外各寨野夷,性既横悍,又与土司甚远,久已不通声气,视同化外,即使抚而有之,亦属骤难驯服,不若以小江为界,江外野夷本少往来,可省枝节。其词意,无非附和石道之原勘,以小江源为界,全不考察滇西实有之疆宇。而于外务部函咨驳诘之后,则三十二年二月初八日咨呈又称:各地方官禀,各抚夷闻租借之说,环求作主,不甘自沦化外,查小江外各寨与小江南一十八寨,地本相连,何以前后措词自相矛盾若此。又三十二年二月初八日,咨呈外务部内开,并据该管各地方官禀、各抚夷闻租借之说,万分惊惧,环求作主。又闰四月初五日,致外务部辰密电内开,前接洽电,以事关疆界,不厌求详,当遴派妥员驰赴腾界覆查。去后,兹据禀称各等因,当以卷中查无各地方官之禀,又并无遴派覆查边界委员之札稿,及该委员之禀，所谓各地方官者系何县何名，各抚夷者系何处土司，并所称遴派妥员者系派何员，是何衔名，并查外务部洽电，系三月十七日至闰四月初五，仅四十八日，即使电委，边程辽远，履勘履禀，何以能如此之速？且两项禀件，均未在卷，当经备文咨询，旋准复称：各地方官，并无此项禀牍，实系托词。又称系设为委员驰赴腾界密查之说，其实并无各地方官之禀，当时亦并未委员各等语。查滇省洋务局稿件，皆委员拟核，总办裁阅后，呈由督宪酌定发行者。此案界务，以有关国家疆域，故部中特格外慎重，何以丁督宪与兴升道并不切实考求，而竟同为欺蔽，仅饰此虚词以塞责，则部中之惟视疆吏为转移者，反更大不可恃矣。又滇越铁路卷内，法领事函请代招本省土工，三十一年十一月二十六日，由局札饬楚雄、云南、东川三府各州县，每属派招三百名，内开，为札饬遵办事，案奉督部堂丁札发，又同日呈督宪文内开，案奉宪台札发。又三十二年正月十四日，札各州县内开，为严札饬催事，案经前奉督部堂丁札发各等情，以卷中查无此札，复咨请补检，又准覆称：凡有英法领事照会械件，均呈院核阅，应札应行，由局核办。如事体稍重，即加以奉督部堂札字样，历久相沿，并无专札。此案奉督部堂丁札，亦系局稿添入等语，并据检同该局之义工毕约达议给恤款。又郭秀峰在武定州游历，又雷领事函称窃案，严饬该管地方官摘顶严缉。又委新军第一标第二营，赴铁路填扎各案等卷，均称系局稿沿用，并无专札，而托词称为奉札者咨送前来，详核各卷内，有称奉督部堂札饬者，有称奉院宪札开者，有称奉督宪札饬者，查皆丁督宪任内之事。夫督院之札，岂可捏冒，不谓并未奉札，而竟任意矫托，并敢捏称奉宪台札而呈报备案者，不知丁督宪何以明知而竟听之，似无怪乎人之谓其大权旁落而不能自主也。职道伏查滇省西邻缅甸，又西南毗连越南，均相接壤。自缅入于英，越入于法，而滇遂介于两大国之间。前者缅界以外，尚有瓯脱之地，后为英人潜自占踞，嗣又将野人山之地让去，而滇西之唇以亡，于设险守国之义，已不堪复论。然各土司之所辖，尚足以为我屏蔽也。自二十四年后，迭次勘界，而滇西边界之地，更不能按籍而求，今者腾边之界务，若听其再误，则逼入内地，大有莫可阻遏之势。西之与缅，已同西南之与越，直相紧接，而英法两国，方各争筑铁路，以均其势力。夫路线之所及，即为兵力之所及，此岂可轻以畀人哉！自二十五年，滇越之路，定约归法国修筑，法人即尽力赶造，现其工程，揣约已有七成，不及两年即可竣事。英人力争开办滇缅铁路亦已多次，幸上年滇众公拒，始知难而退。然势成骑虎，英人必出全力以相争，若再一失计，轻于误允，则法之滇越铁路，已由保胜接入滇边之河口，经由蒙自以达省城。英之滇缅铁路，必将自新街接入滇边之腾越，经由大理以达省城。揆之形势，滇已两面受敌，彼之狡谋未已，法必由滇而通至川北，英必由滇入川东而通至西藏，将滇之全省皆为其包阻在内，如鱼之入于釜中再无出险之术，如是，而滇之祸尚堪设想哉？滇为中国西南之门户，于川黔、两广、两湖诸省，有高屋建瓴之势，此断不能漠然置之，等于秦越人之相视也。近年来，滇中与英人交涉，屡有与缅画（划）界之事，至三十二年，两国会勘腾越北段边界，此其中之失败，有大不满于人意者，其始英人指请，欲就近由迤西道派员，而丁督宪即以委之于迤西道，石道已不免授人指摘，乃石道会勘，则果事事随人、著著落后，以攸关疆土如此重大之事，并不慎重，详审于先而勘毕。一经详禀兴升道，即为之核转，丁督宪复据以咨达于其失误之处，毫不加以指斥，及外务部察知其失地甚多，关系匪浅，迭经严加驳诘，而丁督宪犹复询从兴升道，为之竭力庇护，尚欲饰词朦覆。苟非刘藩司等力持正论，则界事早已定局，一旦举数千余里之地拱手而让之他人，不特滇边有日蹙百里之势，且贻川藏以他日无穷之祸。丁督宪与兴升道至此，犹不思力为设法，筹商补救，为收之桑榆之计，而乃听同局员虚词伪托，随意铺张，如辰密电之捏称委员覆查及咨呈内称各地方官禀之类，皆属实无其事，而竟以达之于外务部，其袒庇与欺罔之咎，似实无可以解免也。其与法人交涉，则为与越南通造铁路之事。滇境自筑路以来，因全属山境，开凿不易，法公司赀本已大受亏折，复因虐待华工，散亡殆尽，招募不易，坐耗又多，路工已大有难成之势。此说非仅得之于沿路所访传，即蒙自关魏道,三十年十月,随文附有致洋务局密函,亦曾云然。必非悬拟揣测之词,使兴升道当时能不受法人之笼络,事事为之禀承。丁督宪设法维持,则法公司亏耗之余,不能自立,正可仿天津之电车轨路,徐与议款收赎归为我有,岂不甚善!否则,听其自然,但任护路之责,不预招工之事,使之不能易于告成,亦可稍缓滇中之祸。夫滇路之成速,则滇祸之来亦速,固尽人而知之。乃丁督宪与兴升道凡于法人路工之事,无不悉力扶持,于他省辗转招工之外,更为派招本省土工以助之。闻法人于兴升道之筹助路工,深赖其力,每谓非有兴升道,则如此巨工,断不能易于蒇事,心甚德之。丁督宪与兴升道常谓,滇越路成,则滇中之交涉事少,此实自欺之言。不知路工未竣,法人已屡有中国保护不力,须自派兵来华之说,若路轨一成,则由越可以长驱直达,其心本不测,何难借端肇衅?反谓我之不能护路,而逞其朝发夕至之兵,以直入省城,可以惟所欲为,此中间不容髪之机,识者皆料及之,不谓丁督宪与兴升道反全未觉察,而事事为外人作傀儡,凡此未能远谋,所以为滇人诟病之所丛也。丁督宪在任时,凡有交涉之事,悉以属之兴升道,以其在滇办理多年,信为情形之熟悉,而兴升道则于外交本非所长,惟以酬应联络,冀得外人之欢心为能事,故凡事皆任其予取予求,无不设法曲从而后已。原参谓丁振铎本短于才,无外交手段,遂以忍辱吃亏,为敷衍了事之宗旨,且并谓兴禄一意媚外者,殆为此也。

职道复查升任贵州布政使兴升道禄，于光绪三十四年闰三月，以声名贪鄙，为文御史悌纠参。查办后，奉旨革职。旋经嵩督宪奏请留滇差委，复擢迤东道，又洊升两司，以获咎废员。仰荷圣恩，弃瑕录用，宜如何忠正自矢，力图报称，而乃营私滋弊，欺饰朦惑，在滇久办洋务，于勘边界筑铁路等，如此重大事件，不能预筹防制，以致贻误边疆丧失甚巨。云南迤东道，前署迤西道石道鸿韶，奉委会勘界务，事关疆域，亟宜详慎从事，尽力争持，乃不特处处顺从，惟外人之命是听。而且先自退认，授人以柄，事有成说，挽救匪易，如此庸懦无能，昧良误国，实不敢为之讳饰。前任云贵总督丁督宪，俭约持躬，清操甚著，且于滇中之省会自开商埠，个旧自立公司，滇蜀铁路、滇腾铁路等事，皆能据绅商禀请，次第奏准自办，亦深知顾全地方利益，苟得有才识迈众、谙习外交之人以相辅佐，则遇事既有定见，当不至轻于迁就，坐失机宜，无如地处边徼，适当两大之交迫，任用不得其人，以致办理交涉重事，往往多所贻误丛人口实，以上遵饬确查各节，理合据实详陈，禀候核办。所有职道奉委驰赴云南查办要案，事关重大，既不敢曲为瞻徇，尤不敢深于文致，惟有将一切访查考核实在情形，详禀陈，仰祈大人鉴核，批示只遵，实为公便。肃禀恭请，钧安伏维，垂察。

兴石误滇误国之罪，不容于诛，三复此篇，令人发指，泪血矣。

毅廷读识

查明司道大员奸邪柔媚贻误疆臣折

湖南巡抚 **岑春蓂**

奏为遵旨查明前办云南洋务局，及会查滇缅界务，现任黔、秦二省司道大员，被参各款，据实覆陈，仰祈圣鉴事。窃臣于光绪三十二年十二月二十三日，承准军机大臣字寄，十二月初五日，奉上谕，署贵州提学使陈荣昌，奏特参司道大员奸邪柔媚贻误疆臣，请旨查办一折，著岑春蓂按照所参各节，确切查明，据实具奏，勿稍徇隐，原折著抄给阅看，钦此。遵旨寄信前来，遵即檄委湖南候补道沈祖燕，酌带随员，前往云南，按照原参各节，详考案卷，确切访查，据实禀办。业经附片奏报在案。前据该道按款查明，并采访舆论，钞（抄）录紧要案卷，禀覆前来。臣逐加查核，如原参，现任贵州布政使兴禄，识字无多，而出其便辟侧媚之才，足以蛊惑长官，往者松（嵩）藩督滇，苞苴竞进，称莫逆交。丁振铎之清刚，宜不相得，乃若胶漆，是以洋务专归兴禄之手。滇之祸，莫大于滇越铁路，当法人驱路工、冒瘴毒，昕夕操作，鞭挞从事，十死其九，滇之民近路工者，稔知其惨状，不

·查明司道大员奸邪柔媚贻误疆臣折·

愿为筑路。兴禄乃令楚雄、大理各府县派民夫，给以重价。而先派民间出钞财，资送一夫之费至二十余金一节，查滇省于光绪二十一年，经前任云贵督臣嵩蕃奏设洋务局，附于督署，专理交涉事宜，维时兴禄以广南府知府署理云南府，与候补知府石鸿韶同时檄委进局。兴禄旋充总办。滇越铁路议起，洋务局兼办路事，访查兴禄，文理不甚明通，因之人言识字无多，其为嵩蕃任用，是否由苞苴进身，事隔多年，且涉暧昧，无从查悉。迨丁振铎督滇，因该员在局年久，亦甚相倚重，凡外交诸事，罔不资为熟手，故有投若胶漆之称。滇越铁路，自光绪二十四年，前总理衙门，与法使照送脩（修）路草章后，至二十九年九月，外务部与法使议订章程，咨行云南督抚，遵照查订定章程内。铁路招用各色人夫，本有先尽招募本省人民充当，不足再招他省之语，以及优待中国工匠，或有病症，由公司济以医药，并不准洋监工苛待中国工匠，无不具载条款。此项铁路，初议先由河口开工，全程需工四万人，滇省已允为代雇。乃该公司不遵定章，辄欲数段同时并举，因多方招徕，广东、天津、四川、宁波各省工匠，分拨工作。路工多系大小洋工头辗转承包，该洋工惟利是图，凡在路工华人，非常刻待，偶有歇息，即罚扣工资一日，或威吓殴打，疾病不与医药，阴雨不给饭食。河口一带，瘴疠又重，以致本省、外省工人冻饿病瘴而死者，不可胜数。兼自开办以来，华工被洋工枪毙欧（殴）伤有案者，共计三十余起，克扣工资之案，尤不一而足。工人受此凌虐，近者尚可自去，远者欲归不能。先是前署两广督臣岑春煊，因广州法领事照会，欲在两广招募工匠赴滇工作，电询情形，经丁振铎电复：河口一带，著名烟瘴，百物昂贵，外人督工，动辄虐待，作工稍懈，扣减工银。电经外务部照会法使，先由河口开工，余则陆续办理，可不必在粤招工等语，是丁振铎暨兴禄等，未尝不知洋监工虐待华工也。旋以河口一带，铁路工人多不耐瘴，丁振铎又电粤招工。经岑春煊查悉，赴滇工人被洋工种种凌虐，即行饬禁，并电滇省，资遣粤工回籍。丁振铎苦无以应，而驻滇法领事罗图阁，谓粤省误听无据之诉，照请转电驰禁。丁振铎初未允许，继乃电粤酌核饬议，原参谓兴禄请丁振铎咨粤督，谓法人改良，请勿禁路工粤人，殆即指此。且不特粤省禁招华工，直隶督臣袁世凯、前四川督臣锡良、浙江抚臣张曾敫亦各先后电请拯恤资遣，盖苛虐太甚也。光绪三十一年十月间，罗图阁以禄丰村一带铁路，须用土工，照请丁振铎饬地方官代招六千人，并先函致洋务局，请在路线远处招募。经兴禄与罗图阁议定，招工薪资、工价及招费、路费、章程，札饬楚雄等府十六州县遵办，每县招募小工三百名，每名日给工价洋银二角五分，所需路费由州县按站垫给，备文赴局请领归款。惟前次河口之役，洋人凌虐华工，尽人皆知，兴禄此次议订招募章程，于不准苛虐一层最为紧要。自应按照部章，切实重为申明，庶免虐待。而察核所订条款,并无一语及此,是其遇事迁就,故不免受滇人指摘,且行文之后,该局旋又札催,有敢任意玩延,定将该州县撤任详参,决不宽贷等语。各州县奉此严札,其明白事理者,仍以公司苛暴,民不愿往,据实禀覆,而仰承风指者,即不恤下情,竭力勒派,非理骚扰,怨声沸腾。如姚州监生罗汉章等,禀控知州李金鳌,招工一百五十名,每名由花户摊派,各给安家银八九两、十余两不等;大姚贡生李守忠等,禀控知县谢怀萱,按乡抽丁,中途因闻洋监工虐待逃回,派差沿乡捕捉;罗次县民余洪才等,禀控知县范金镛,令保正沿村勒派乡民三百名,赴路做工,贻累不堪,先后赴省控告,有案可稽。原参谓一夫之费至二十余金,诚属有因,兴禄虽无派民出费之文,然严札饬催,迫州县以苛派,则该员之咎也。迨经控告,又不即行查禁,尤见有心庇护,此查明兴禄被参各款之实在情形也。又如原参知府石鸿韶,附于兴禄,兴禄荐其画(划)界,希图劳绩以迁官。窃闻界务公牍达部,外务部察其失地,寓书数十纸驳诘之。兴禄本独揽其权,至是惶惧,乃邀藩臬两司画稿,冀得分过,闻藩臬两司,皆不肯画稿一节。查《中缅条约》第四条,内开北纬二十五度三十五分之一段边界,俟将来查明该处情形稍详,两国再定界线,此即滇缅北段界务之缘起。其南所画至尖高山迤南止,业于光绪二十四年定界。北段自尖高山起,虽未勘定,档案具在,可按而知。如外务部二十八年八月,致滇督电,准英使照称，请以小江即恩买卡河以东之分水岭，作为定界。又二十九年十二月，致滇督电，英使照称，近三年来，英员查明天然界线，系自东流入恩买卡河，即小江诸江之分水岭，曰恩买卡河以东，曰自东流入恩买卡河，可见此岭之西为恩买卡河，即恩梅开江，而恩梅开江以东最近之岭，北为他戛甲大山，南为扒拉大山，山势绵亘适居，小江、恩梅开江之间，他戛甲大山尽处，又即小江与恩梅开江合流处，循此自北而南至尖高山，其为天然界线，毫无疑义。三十年九月，外务部准英使照请，派会查北界，由华境前往分水岭，电经丁振铎派署迤西道石鸿韶，与英国驻腾越领事烈敦前往会勘，并饬查明分水岭，<u>应以何处为准</u>。旋据石鸿韶，于三十一年二月，与英领事烈敦及缅员新街府能经新，从尖高山即野人山，名马弄坪起，接续向北勘，北越高黎共雪山，直抵丽江府应管地界，为滇缅界尽处。烈敦之意，欲按恩梅开江，即恩卖（买）卡河河流分水，以大哑（垭）口为界。石鸿韶谓大哑（垭）口在小江以内，前至小江，当有一百六七十里，其中茨行、竹流赖等寨，系明光、杨左两抚夷旧治，有道光年间承袭土把总左大雄等兵部札付可凭。该抚夷等，因兵乱迁住汉地，各夷寨仍受其抚驭，声气相通，牛酒犒赏不绝。惟小江外之夷寨，相距太远，夷性顽梗，往来较疏，查核情形，应以小江为界。烈敦饰词支吾，并称该领事欲由高黎共大雪山顺分水岭而下，过大哑（垭）口河流分水为界。石鸿韶则按土司治理，执定以小江边为界。烈敦旋谓政府愿仿照前租猛卯三角地成案，所有大哑（垭）口以外村寨地方，每年拟出缅洋一千五百元，作为永租，是已默认为中国属地，任凭详咨请示。彼此所绘草图，山水地名均尚符合。惟烈敦照称：历来界图必须彼此盖印，此次会勘无划定之权，虽经彼此盖印，不过明此图之真伪，实不能为议定之凭，于图内注明，互相盖印等情。经丁振铎覆核咨部，经外务部查北段界务，系以野人山交界。此次会勘，既经查明恩买卡河即恩梅开江，在野人山地，英使累执小江西即恩买卡河以东之分水岭，作为定界，即应照此和平议结。惟此次会勘印图，不免有误会之处，高黎共雪山在腾越东，为保山县、腾越厅东段交界之处，与金沙江，即片勒瓦谛江无涉。潞江在保山县境，中隔腾越一厅，与野人山无涉。龙江在腾越东，其水南段入片勒瓦谛江，与恩买卡河隔水甚多，亦与野人山无涉。至于大哑（垭）口以外，如昌银沟、中山、鲁必、石抛一带，异常陡险，自不便作为租地。此段界务，自应从尖高山起，至石我、独木二河之间，循恩买卡河至小江、恩买卡河以东之分水岭为止，与英使所称天生极妙界限适相符合。咨行照此与英员会商议结等因，勘界事件本由洋务局主政，至是兴禄尚拟请照原洋电覆，邀藩、臬两司赴局，核阅盖章，冀可分任其责。藩司刘春霖，臬司陈燦，因查覆图绘界线，以小江全江分界，出入甚多，电稿亦有错误，均未盖章。会具详细说帖，备陈此界应自尖高山起，至石我、独木二河之间，循恩买卡河，至小江西、恩买卡河以东之分水岭为界，乃确切不易办法。其次，亦应从尖高山起，过狼牙山、歪头山、张家坡，登高良工山，抵九角塘河，顺小江西北流，直入恩买卡河会流处为界，吃亏尚少等情，呈经丁振铎核覆，外务部屡与英使辩论，迄未定议。是兴禄与石鸿韶办理此项界务诸多谬误，确凿可凭。且查丁振铎于外务部派员查界电内，注明酌派何员，饬洋务局电迤西道石鸿韶电覆，而洋务局致石鸿韶勘界电，直曰借重长才，是原参谓兴禄荐石鸿韶勘界，希图迁官，不为无据。无如石鸿韶嗜好太深，人尤庸劣，于烈敦欲指高黎共雪山顺分水岭而下至大哑（垭）口为界，既不切实辩驳，而于小江外，向归滇属土司所辖之噬戛、独木等寨，及浪猓地，又拟画（划）之界外。以土地人民之重而玩忽从事，实属不职。石鸿韶向与兴禄联为同气，界牍咨呈到部，经外务部逐层指驳，兴禄犹思回护前说，饰词顶覆，以藩、臬两司不肯盖章而止。原奏谓该司等不肯画稿，当是不肯盖章之误，此查明石鸿韶与兴禄被参各款之实在情形也。以上各节，均经按照原奏，逐加确查，不敢稍有徇隐。伏查现任贵州布政使、前云南迤东道兴禄，充当滇省洋务局总办十余年，遇事自应妥筹因应，乃前与驻滇法领事罗图阁议订禄至豆村铁路招雇华人章程，明知洋监工作，任意苛虐，并不查照部章，将此节重为申明禁止，以杜凌虐，是其但知迁就、罔恤华工，概可想见，迨姚州、大姚、罗次等州县，因奉严札招工，向各花户勒派安家银两，及按乡抽丁勒派，亦不饬查禁止。于石鸿韶会查北段界务地图，详送到省，谬误错失之处，复不督饬局员详加考核驳正，扶同具稿，呈丁振铎咨部，迨经部驳，犹思回护电覆，实属有意欺朦。辜恩溺职，咎无可辞，惟系二品大员，应如何严行惩处，伏候圣裁。前署云南迤西道，调补陕西陕安道石鸿韶，奉委会勘界务，事关重要，宜如何详细考查，妥慎办理，乃于驻腾越英领事烈敦，欲由高黎共雪山顺分水岭而下，过大哑（垭）口为界，不能切实指驳，并将向归土司管辖之小江外诸寨，视为化外，虽勘而不划，究属玩视要公，贻误界务。且查该道嗜好甚深，声名恶劣，拟请旨即行革职，永不叙用，以示惩儆。前任总督丁振铎，于石鸿韶所勘界线谬误之处，一经外务部咨驳，并据藩司刘春霖等指陈得失，虽即电部更正，惟勘界重事，并不慎选公正可靠之员会勘，于兴禄、石鸿韶扶同欺朦，初未详核驳饬。且明知滇越铁路洋工凌虐华人，于兴禄与法领事议章时，不令饬禁。姚州、大姚、罗次等州县，被控招雇人夫，按户派银，沿乡抽丁勒派，仅饬该州县查复，亦不禁止，均属疏忽，拟请旨交部议处。姚州知州李金鳌、大姚县知县谢怀萱、罗次县知县范金镛，因奉饬招工，李金鳌辄向花户按户勒派安家银两，任意扰累，谢怀萱、范金镛并不照章招雇，俱按乡抽丁勒派，谢怀萱并有因中途逃回，派差四出捕捉情事办理，均属荒谬，应请旨一并革职。北段界物（务），应由云贵督臣锡良按照部议，详加查勘，明定界限，咨请外务部与英使妥商议结，以清界务。嗣后，滇越铁路如须再在本省招工修路，应将不准洋监工凌虐一层，先由洋务局与法领事严订章程，确有保护体恤之益，方许代招，亦不准州县藉（借）端苛派，违者参办。所有洋工殴毙华工未结各案，应由锡良督饬洋务局，照催法领事，照约分别办结。余咨呈外务部，并咨云贵督臣查照外，所有查明前办云南洋务局及会查滇缅界务，现任黔、秦二省司道大员，被参各款，据实覆奏，理合恭折具陈，伏乞皇太后、皇上圣鉴训示。谨奏。

光绪三十二年八月初四日，奉上谕，前云南迤东道兴禄有意欺蒙，辜恩溺职，著（着）即行革职；前署云南迤西道，调任陕西陕安道石鸿韶办理要务，诸多乖谬，嗜好甚深，声名甚劣，著（着）革职永不叙用；姚州（县）知州李金鳌、大姚知县谢怀萱、罗次县知县范金镛，委办要务亦多荒谬，均著（着）即行革职；前任云贵总督丁振铎用人不当，咎无可辞，业经革职，著（着）免其置议，余著（着）照所议办理，该部知道，钦此。

代锡青弼制军拟争滇缅界务折

云南提法司 **秦树声**

奏为前勘滇缅北段界务,失败已甚,延未定案,敬陈管见,恳赐采择。饬部筹办,恭折仰祈圣鉴事。窃惟外交以信义为指归,不得以诈虞酿燎原之祸。疆臣以封圻为性命,岂容以隐忍干割地之诛?某在蜀即闻滇缅界图涉及西藏,怵乎有忧之,而犹幸其未翔实也。莅任后,钩稽十日,乃知外务部及前督臣丁振铎与英人相持不下者,诚迫于无可如何,悲愤为之填膺,食不能下咽。此案必不可许者六,必可争者九,往复文牍,备存架阁,不俟觋缕也,谨撮其綮要,思所以应付者,为我皇太后、皇上陈之故事。我与英人争者,恩梅开江以西,昔马以南无论己,退而有滇缅界务,实腾野界务耳。何则,腾越属滇,野人山固滇缅之瓯脱也,大金沙江在腾西可言也,龙江、腾东潞江又在龙江东不可言也,舐糠将及米邪,必不可许者一。外务部所译英文图,指明恩梅开江畔之分水岭以地望准之,正今之扒拉大山,与高黎贡何涉,必不可许者二。即划自扒拉大山以西,已失骂章、黄铁数百户,此皆食毛、践土数百年之赤子也。该部以英人办有成案，不复峻拒，已忍心害理为之，更欲深入其阻乎，必不可许者三。何岭非分水，何分水非岭，尖高山以北北段界，尖高山以南南段界，南界欲以公明山影射辽绝之孔明山，则妄以孔明山为分水岭，北界欲以高良工山影射辽绝之高黎贡山为分水岭，狡焉，思启指鹿为马，巧于谐声，北界不正如南界何，必不可许者四。若自高黎贡起，则北通巴塘、里塘，西包猱獉狼獤，东薄保山十五喧，骎骎南下牧马，腾越已入其彀中，更何仿三角租地之可言，必不可许者五。原彼东渐之谋，权与石我独木，进则窥大哑（垭）口，又进则以雪山为垄断始焉，蚕食终乃鲸吞。雄心四据，猛气纷纭，几分水岭而滇不泯灭邪，必不可许者六。理有曲直，无强弱，论有是非，无难易。传曰：国不竞亦陵。与其不言，而彼有默许之疑，何如提议，而我有主权之望！前署迤西道石鸿韶，与英故驻腾领事勒登，上凭会勘，非会画可争者一也；彼此调印，辨图之真伪，注明不为定评，彼安得有完全之报告，可争者二也；译图具在，苍黄反覆，持彼之矛，入彼之盾，可争者三也；部局函答，均扼定小江汇入恩梅开江之处，其以小江为界，小江之流非小江之源也，正与扒拉大山线脉吻合，可争者四也；勒领虽故，萨使虽争，约棱皎然，延未葳事，商请派员覆勘之而后画，自为公理，可争者五也；若以为无可藉（借）口，或将我原勘之员，暂予薄惩，以便开议，彼必无辞，可争者六也;英号文明,素敦睦谊,驻兵一节,偶尔恫喝,必非实语,且海牙会在野蛮行为,谅能阻之,可争者七也;英又信义之邦也,而此次顾不免诈虞者,岂本心哉,徒欲幸免茨竹、派赖命案之赔偿耳。命案尽可和平办理,牵涉界务何为者,可争者八也;若以命案牵涉界务,万一滇民于缅境杀一不辜,我亦将欲席卷新街,囊括南棍,以为护符乎,此亦罕譬易喻矣,可争者九也。某偏激不周心,款款愚实,是否有当,伏惟圣裁。不胜屏营待命之至,除咨部查照外,谨恭折具陈。伏乞皇太后、皇上圣鉴训示。谨奏。

·滇事危言初集·

致外务部高子益左丞言界务书

云贵总督　**李经义**

子益仁兄大人执事：奉六月二十四日台翰，深识伟论，启发良多。所示条约效力，以最后之签定者为信守。新约一出，则凡旧约与之相反者，皆不言而自废，洵为确论，至佩至佩。镇边西盟界务，滇省原勘，以约载山名水名官司治理为凭，不以经纬度数为准，故抗议十余年，悬搁未结。英国尚不以强硬手段相迫者，诚赖有约在。《中缅续约》第六款载，如查得，无论何处，有未甚妥协者，应行更正。既云"更正"，则原图界线，非不移易可知。两国共守之约，特著一活笔，正以薛使在伦敦定线时，得诸臆揣，未经调查确实，应何如补救，特授权于勘界官，亦订约者，不得已之苦衷也。惟滇省界员，力诋英国为伪造，此言亦不足以折服。《续约》第三款，叙经纬度数极详，而尤以由公明山之西斜坡而下至南卡江一语，为铁板注脚。薛使后图盖印所画之线，与约为近，外务部缄开，薛进呈图与签字图界线不同。此事之误，不误于既定约之后，而误于将定约之初。薛使于此图与前图不符处，

致外务部高子益左丞言界务书

并无一字争辩,遂成铸错。此案原委,固已了如指掌,是千虑一失,有不能为贤者讳。滇省执山名水名官司治理以相争,公明山、孔明山纷纷聚讼,或则指鹿为马,或谓以羊易牛,拒之愈坚,去之愈远,而无以解于西下斜坡之约。部缄,姑置其不可争者,详筹其可争者,大意在西盟可舍、猛梭必争。然就目前情形论,丁循帅于西盟有所谓四不得不争。台端覆核卷宗,即得其要点所在。至尖高山北段界务,诚如尊论:一误于不学,再误于无备,何以言之?按《中缅续约》第四款载,议定北纬二十五度三十五分之北一段,查明该处情形,再定界线。此非约载定线可比,全在勘界者因时审势,预备于平日,以备临时折冲之用,庶不至处处吃亏。英窦使照会总署:以恩买卡河与萨尔温江中间之分水岭,为暂时从权之界。滇省初次查覆,即谓并无恩买卡河其地。英萨使又称,查明最妥易识之天然界线,乃系自东流入恩卡河即小江诸江之分水岭为界。"东流"二字为全案关键,初亦未尝留意,一旦上界,不明天算,不察地形,并不识彼族野心所在。盲从暗索,穿鼻由人,其结果终至于失败。此不禁痛恨于前此无学无备之边员也。今相持又数年矣,再四考核,外务部缄,英使所称天然界线,从英文图译出,其部位在小江以西,恩买卡河以东。虽"天然界线"四字非某山某岭定名,惟按其部位,确是扒拉大山。主脑既定,即不能再事游移,此事必做到重勘,方有归宿。尝谓外交犹决战也,彼着着占先,我着着落后，胜负之数，无待智者而知。我能捷足，彼亦却步，即如本年片马一案，英驻腾娄领事出而干预，心极叵测。弟逆知其隐，严饬地方官冒险驰赴夷寨，不为外人啕喝所夺、浮论所摇，觅得各种证据，并将捏禀投缅之奸民拿办，该领事亦遂知难而退，此其明效。弟鉴于前车，与其仓皇于临时，不若绸缪于未雨，拟俟秋高瘴退，拣派妥员，深入野人山境，于山川道里、形势险要确切履勘，方有把握。惟极边瘴险，此项人才实难，又无精本地图可资印证，所为不敢自信耳。此犹就滇界之未勘定者言，若太平河至南定河，早经光绪二十四年会勘，垒石立标在案，英国一再竖石修碑，经缅抚照会，派员同往，仅委一从九、一守备与英员会办，如许重要界案，付诸微员末弁之手，直同儿戏，可为慨然。去岁，据猛卯土司禀揭：英人私立界桩，侵占入内。派永昌府覆查，始发现所立各桩全段九十七号，计九号至十四号，又二十号至二十九号，均有与原单不符处。三十号至九十六号，亦尚待比对考核。省腾已迭向英领交涉，且各碑未刊华文，有违原议，并有双立四十一号，应于我界立碑，须派员上界，约同英员，按图更正。昨准部咨，英使照会，已有本国政府断难允许，再有辩论，其语气虽甚决绝，其理由实非正当，我欲立碑，邀彼会查，又将何词以拒？当详咨大部，与英使交涉，要求达此目的，界事始有转机。台端关怀大局，锐意谋边，规画（划）极为久远，尚乞借箸而筹，示以方针所在，并祈陈商邹尚书，于滇咨到部时，特别注意，将此历年镠辖之案，双方提起，一为解决必得毅力定识如公者赞助其间，方克集事，正不特滇省一隅之幸，抑亦国防百世之利，非弟个人之私恳也。竭忱奉布，不尽缕缕，惟希亮察。

  祗请

勋安

          愚弟李经义顿首
          庚戌八月二十九日

奏争滇缅界务折

记名简放副都统　**赵鹤龄**

奏为滇缅界务，关系大局安危，恳恩据实力争，以固国防而定民心。恭折仰祈圣鉴事。窃滇缅界务，分西界、南界、北界。北段界线有二：一系由大金沙江为界；一系光绪二十六年，总理衙门照会英使，声明现管地方，以小江为界。自缅沦于英，大金沙江界限久未完全，而江内横亘数千里之野人山，亦渐被蚕食。近数年所争持者，名为滇缅界务，实则腾野界务耳。自光绪三十一年二月，经已革道石鸿韶，与英领事烈敦会勘，该革道罔利徇人，谬以小江源为界，烈领事得陇望蜀，复执定以大哑（垭）口为界，舐糠及米，并无腾野界限之可言。当经外务部查其失地甚多，寓书斥驳，幸烈领事照会，有虽经盖印不过明此图之真伪，不能为定凭等语。宣统二年，外务部据云贵总督咨转咨商英使重勘，该使置之不理，随（遂）于是年冬进兵占据片马，毁我学堂，勒我民捐，夺我碉堡，设炮台于我高黎贡山，侵踞我小江以北茶山土司地。反客为主，强辞责我以质证。臣窥英人要挟之目

150

的，不仅在片马，而在光绪三十一年会勘所及之地，且不仅在石革道误勘之地，而在烈领事勘拟定界之地。查石革道勘拟之界，从尖高山起，由磨石河头，直上歪头山，过知非河，经张家坡，登高良共山，又抵九角塘河，顺小江边，复另行横出，上至小江源，又至板厂山止，是割数百年向化于我之腾越、保山、云龙、龙陵各属土司地，而弃之如遗也。若照烈领事所勘，从尖高山起，东至胆札山，过狼牙山、磨石河头、搬片丫口、姊妹山、大哑（垭）口、茨竹丫口、片马丫口，直上高黎贡山，北往西藏。凡水入金沙江者，概归缅甸管理，则是由滇而蜀而藏，边地被其割去者，当以数千里计。非惟该领事勘拟之界万难允许，即石革道拟定界线，亦断不能轻以畀人。今筹和平之解决，非做到退兵重勘不可。重勘，非扼定。该领事声称：不为定凭之照会，不可前议既归无效，则重勘又非详征切实证据，以杜彼族之口实。不可案万国交涉，均凭正式约牍，而以最后之签定为信守。兹界之铁案，不必远稽志乘、援引条约，即据光绪二十八九两年，英使照会而已定：查光绪二十八年八月外务部致滇督电，准英使照称，请以小江，即恩买卡河以东之分水岭作为定界。二十九年十二月致滇督电，英使照称：近英员查明天然界线，系自东流入恩买卡河，即小江诸江之分水岭等语。夫曰，作为定界，则彼此永守不得辗转，歧异可知。曰：请以则言发于彼，而求我允应之，双方同意即生效力。如堂堂公使正式之文牍为不足据,将安据耶?曰恩买卡河以东,曰自东流入恩买卡河,可见此岭之西为恩买卡河,即恩梅开江,而恩梅开江以东,最近之岭,北为他戛甲大山,南为扒拉大山,山势绵亘适居,小江、恩梅开江之间,他戛甲大山尽处,又即小江与恩梅开江合流处,循此自北而南至尖高山,其为天然界线,毫无疑义,何能影射辽绝之高黎贡山耶?查高黎贡山在腾越东,为保山县、腾越厅东段交界之处,与金沙江,即片勒瓦谛江无涉;潞江在保山县境,中间隔腾越一厅,与野人山无涉;龙江在腾越东,其水南段入片勒瓦谛江,与恩买卡河隔水甚多,亦与野人山无涉;至于大哑(垭)口,在小江以内,由该地前往小江,约一百六七十里,其中茨竹、瓜(派)赖等寨,系明光杨左两抚夷旧治,有道光年间承袭土把总左大雄等,兵部札付可凭,该抚夷等,因兵燹迁往汉地,今各夷寨仍受其抚驭。石革道曾据以驳覆,并准烈领事议仿前租猛卯三角地成案,所有大哑(垭)口以外村寨地方,每年拟出缅洋一千五百元作为永租,是已默认为中国属地矣。持彼之矛,入彼之盾,尚何证据之外求,而现占之片马了(丫)口,为保山属登埂土司所辖,确凿可据,遑论腾野界务与保山更风马牛不相及耶。且英使于光绪二十八年照会,既以小江,即恩买卡河以东之分水岭为界,旋于二十九年照会,以小江诸江东流之分水岭为界,彼此恪守矣。乃未几,而住滇之思茅领事务谨顺照会,又称拟将尖高山以北片勒瓦谛江,即大金沙江与龙川、潞江两江间之分水岭作为中缅界线，未几，而烈领事会勘，又拟以高黎贡山之分水岭为界，界务何事，分水岭无定名，忽而小江以东之分水岭，忽而小江诸江之分水岭，忽而高黎贡山之分水岭，出尔反尔，唯意所向，几分水岭而滇地，尽入其彀。中外古今，有是事理耶？然则将以何处为定，查北段界务，系以野人山交界，既经英员查明，恩买卡河即恩梅开江，在野人山地，英使累执小江西，即恩买卡河以东之分水岭作为交界，自应仍照外务部前议，从尖高山起，至石我、独木二河之间，循恩买卡河至小江西，恩买卡河以东之分水岭为止，乃确切不易办法，与英使所称天生极妙界线，亦适相符合。其次，亦应从尖高山起，过狼牙山、歪头山、张家坡，登高良共山，抵九角塘河，顺小江西北流，直入恩买卡河会流处为界，然已失地不少矣。若一误再误，而迁就烈领事所勘，或石阜道原勘，则迤西、迤南沿边土司地不保，安有云南打箭炉、巴塘、里塘等地不保，安有四川藏属之擦瓦龙一带不保，安有西藏骎骎南下牧马，英无亡矢遗镞之费，席卷西南半壁，而长江流域亦非吾有。土地有限，敌欲无穷。朝廷纵不爱滇属土司地，独不爱滇乎？纵不爱藏属沿边之地，独不爱西藏乎？纵不爱滇藏，独不爱川、黔、粤、楚，及长江流域诸省乎？又况均势之局破，则连鸡之兆成，英擅优利，法讵，甘于旁观，自余诸国亦将投袂而起，各求大欲，观英占片马，法遂增兵河内，而俄于伊犁、蒙古，日于东三省，德于山东近日之举动可推测矣。近闻，有以英人所索边界，久在化外，拟照烈领事原勘，让与之说，滇中函电纷驰，一日而责问者数，群情惊疑，人心摇动，咸有誓死力争、与土俱亡之志，合无仰恳天恩。敕下外务部、云贵总督，查照烈领事会勘时声明，虽经盖印不为定凭照会，暨光绪二十八九两年，英使照请以小江分水岭为界等项成案，据实力争，妥慎办理。设再争而无效，可否商交海牙平和会裁判之处？出自圣裁，臣遥望乡关，近觇时局，忧愤所极，不敢不披沥直陈，是否有当，伏乞皇上圣鉴训示。谨奏。